留学生
简明古代汉语读本

（修订本）

史建伟　编著

南开大学出版社

天　津

图书在版编目(CIP)数据

留学生简明古代汉语读本 / 史建伟编著. —2版（
修订本）. —天津：南开大学出版社，2019.7
ISBN 978-7-310-05811-2

Ⅰ.①留… Ⅱ.①史… Ⅲ.①古汉语－对外汉语教学
－教材 Ⅳ.①H195.4

中国版本图书馆 CIP 数据核字(2019)第 130992 号

南开大学出版社出版发行
出版人：刘运峰
地址：天津市南开区卫津路 94 号　　邮政编码：300071
营销部电话：(022)23508339　23500755
营销部传真：(022)23508542　　邮购部电话：(022)23502200

＊

唐山鼎瑞印刷有限公司印刷
全国各地新华书店经销

＊

2019 年 7 月第 2 版　　2019 年 7 月第 1 次印刷
260×185 毫米　16 开本　13.5 印张　342 千字
定价：45.00 元

如遇图书印装质量问题，请与本社营销部联系调换，电话：(022)23507125

前　言

　　《留学生简明古代汉语读本（修订本）》是一本针对留学生汉语言专业、经贸汉语专业以及汉语国际教育专业本科生教学的专业基础课教材。其主要目的是帮助外国留学生感受古今汉语的差异，了解古代汉语的语言特点，以及一些基本的中国传统文化知识，为其进一步学习汉语言、阅读古代文献、学习中国传统文化打下基础。该教材较为系统地介绍古代汉语词汇、语法等方面知识。选文以先秦散文及《史记》《左传》《战国策》等古代文献中的名篇、名段为主，兼及以后各代的名家名篇。

　　古代汉语课属于专业基础课的范畴，在留学生学历教育中有着不可替代的地位，该课程的学习与现代汉语的学习可以说是缺一不可，有着相互印证、相互促进的作用。

　　近年来，古代汉语教材国内外均有较多出版物，国外出版的教材由于种种原因，国内很少见到，更很少使用。国内的教材主要面向中国学生，随着留学生学历教育的蓬勃发展，专门为外国留学生编写的古代汉语教材已成雨后春笋之势。

　　但是纵观这些专门为留学生编写的教材，或是过于简单，或是基于所在学校的课程体系，显得过于繁复、赘冗，还有一些受编者自身水平的局限，所编教材错误频出，给教学带来负面影响。

　　本书原名《简明留学生古代汉语读本》，自2009年出版以来，以其鲜明的特色，受到广泛的关注，也受到使用该教材的教师和留学生的好评。近十年后的今天，终于又迎来了修订再版的机会（修订后书名略作调整）。

　　结合近十年的教学实践，修订后的教材仍将取得HSK五六级的留学本科生群体作为教学对象，也适用于汉语水平达到相应程度的外籍人士。另外，该书也可供本国的初高中学生作为古文的课外阅读。

　　根据留学生本科学历教育教学大纲的要求，以及相关课时量的分配原则，修订后的教材缩减为二十一课，可以满足学生两学期、总计一学年的教学需要。课文篇目做了适量的增删调整，仍以经典名篇、名段为主，选取标准兼顾古代汉语语言知识、文章的趣味性以及文章所蕴含的文化因素等方面。在篇幅的长短、文句的难易方面尽量考虑留学生的学习特点，所选文章短的一二百字，一般为四五百字，最长不过七八百字。既避免过于简单随意，又防止过于艰涩深奥，基本上做到了循序渐进。

修订后的教材仍突出了以下特色：

首先，自始至终抓住对外汉语教材的特点，既传授古代汉语的基本知识，又不使留学生产生畏难情绪。所选课文既不过于简单，也不艰涩难懂，基本上做到难易适中，又形成一定的梯度，使学习能够循序渐进。

其次，教材编写体例力求创新，突破了以往将国人学习古汉语的方法照搬到对外汉语教学中而缺乏针对性的教材编写模式，打破了过去那种概论是概论、课文是课文、概论和课文相对隔离的教材编写体例。课文的选取既考虑常用词、基础语法，又照顾到所选篇目的经典性，还兼顾了留学生的学习兴趣，使教材更适合对外汉语教学的特点。

第三，词语的讲解突出古代汉语字词的特色，运用"汉字形义分析法"，通过讲解汉字，也就是古代汉语单音词的形义，使学生了解字词意义的发展演化过程，从而建立古今汉语字词之间的联系，帮助留学生轻松摆脱孤立学习古代汉语、盲目背诵字词意义的不良学习方法，使其知其然更知其所以然。古代汉语以单音节词为主，一个词基本上就以一个汉字的形式体现，字和词基本上统一。我们通过分析汉字，就可以了解这个汉字所代表的语言中的词的意义。古汉字字形在课文注释中出现，可以帮助留学生理解字的意义，可以激发留学生的学习兴趣，减轻其学习的畏难情绪。同一字形在不同课文中重复出现，则又可帮助留学生形成良好的记忆模式。通过汉字形义分析来协助古代汉语的教学，就能起到事半功倍的效果。目前，这一特色在现有的古代汉语教材中尚未得到体现，而通过汉字形义分析协助古代汉语的教学正是本教材的最大特色，经受了教学实践的检验并已收到良好的教学效果。

第四，常用词、固定结构例解，密切结合课文内容，注意分散难点，做到有讲解有总结，便于学生掌握；语法点的说解，也体现出了对外汉语教材的特色，我们尽量简化概论性的论述，而突出句式结构、句型的特点。这也是本教材在编写体例方面的一个突破。

第五，注重精讲多练的原则，课文和练习紧密配合，突出重点和难点，切忌眉毛胡子一把抓。

第六，装帧设计突出古朴、民族的特色，同时配有必要的插图或图示，以帮助教师备课、教学，帮助学生理解课文内容，了解中国传统文化内涵。

《留学生简明古代汉语读本（修订本）》在前人古代汉语教材编写的基础上，借鉴和吸收了前人的编写经验，参考了前人的一些学术观点，书名、人名恕难一一列出；教材插图搜之于网络之上，目的是帮助教材使用者理解课文内容，大多不知作者姓名，谨在此一并表示感谢。

当然，《留学生简明古代汉语读本（修订本）》虽然修订了原书明显的错漏之处，力求尽善尽美，但是鉴于编者学识水平的局限，疏漏、错误之处仍在所难免，恳请专家同行批评指正，将不胜感激！

史建伟

2018 年 10 月于南开园

凡 例

本书所选用文章段落参照以下出版物及版本，特此说明。

《白居易全集》　［唐］白居易著　珠海出版社　1996年版
《曹操全书》　［汉］曹操著　金城出版社　1995年版
《昌黎先生集》　［唐］韩愈撰　书目文献出版社　2002年版
《船山全书》　［明］王夫之著　岳麓书社　2011年版
《春秋公羊传注疏》　［汉］何休解诂　上海古籍出版社　2014年版
《范缜神灭论》　［南朝］范缜著　天津人民出版社　1975年版
《风俗通义校注（第二版）》　［汉］应劭撰　中华书局　2010年版
《古文观止》　［清］吴楚材、吴调侯选编　崇文书局　2015年版
《关尹子·慎子今译》　朱海雷编　浙江大学出版社　2012年版
《管子新注》　姜涛著　齐鲁书社　2006年版
《韩非子集解》　［清］王先慎撰　中华书局　2013年版
《河东先生集》　［唐］柳宗元撰　书目文献出版社　2002年版
《后汉书》　［南朝］范晔撰　中华书局　1999年版
《淮南子》　［汉］刘安撰　李敖主编　天津古籍出版社　2016年版
《贾谊集》　［汉］贾谊撰　岳麓书社　2010年版
《旧唐书》　［五代］刘昫等撰　中华书局　1975年版
《老子译注》　辛战军译注　中华书局　2008年版
《礼记译解》　王文锦译解　中华书局　2001年版
《聊斋志异（全校会注集评修订本）》　［清］蒲松龄著　任笃行辑校　人民
　　文学出版社　2016年版
《临川先生文集》　［宋］王安石著　书目文献出版社　2002年版
《刘克庄集笺校》　［宋］刘克庄著　中华书局　2011年版
《陆机集校笺》　［晋］陆机著　上海古籍出版社　2016年版
《论衡校注》　［汉］王充著　上海古籍出版社　2013年版
《论语译注》　杨伯峻译注　中华书局　2015年版
《吕氏春秋新校释》　［战国］吕不韦著　上海古籍出版社　2002年版
《孟子译注》　杨伯峻译注　中华书局　2012年版
《梦溪笔谈校证》　胡道静著　上海人民出版社　2016年版
《墨子闲诂》　［清］孙诒让撰　中华书局　1986年版
《清稗类钞》　徐珂编撰　中华书局　1984年版

《清代诗文集汇编（291）白鹤堂稿》　　上海古籍出版社　2010 年版

《三国志》　〔晋〕陈寿撰　中华书局　1982 年版

《商君书校疏》　张觉撰　知识产权出版社　2012 年版

《诗经直解》　陈子展著　复旦大学出版社　2015 年版

《史记选》　〔汉〕司马迁撰　人民文学出版社　1982 年版

《水经注》　〔北朝〕郦道元著　巴蜀书社　1985 年版

《说苑校理》　朱季海校理　中华书局　2011 年版

《四书集注》　〔宋〕朱熹撰　岳麓书社　2004 年版

《宋本国语》　〔三国〕韦昭注　国家图书馆出版社　2017 年版

《苏东坡全集》　〔宋〕苏轼著　北京燕山出版社　1998 年版

《孙子校释》　〔春秋〕孙武著　军事科学出版社　1991 年版

《唐陆宣公集》　〔唐〕陆贽著　北京图书馆出版社　2005 年版

《陶渊明集》　〔晋〕陶渊明撰　中华书局　1979 年版

《文中子中说》　〔隋〕王通著　凤凰出版社　2017 年版

《惜抱轩诗文集》　〔清〕姚鼐著　上海古籍出版社　1992 年版

《新序校理》　朱季海校理　中华书局　2011 年版

《荀子》　安小兰译注　中华书局　2016 年版

《盐铁论校注》　〔汉〕桓宽撰　天津人民出版社　1983 年版

《晏子春秋》　陈涛译注　中华书局　2016 年版

《虞初新志》　〔清〕张潮辑　上海古籍出版社　1994 年版

《袁枚全集》　王英志主编　江苏古籍出版社　1993 年版

《增订刘子校注》　杨明照校注　巴蜀书社　2008 年版

《战国策集注》　〔清〕程㷬初集注　上海古籍出版社　2013 年版

《庄子》　孙通海译注　中华书局　2016 年版

《资治通鉴》　〔宋〕司马光著　上海古籍出版社　1987 年版

《左传》　郭丹、程小青、李彬源译注　中华书局　2018 年版

目 录

第一课

课文

曾子之妻之市

《韩非子·外储说左上》

曾子之妻之市[1]，其子随之而泣[2]。其母曰："女还[3]，顾反为女杀彘[4]。"妻适市来[5]，曾子欲捕彘杀之。妻止之，曰："特与婴儿戏耳[6]!"曾子曰："婴儿非与戏也[7]。婴儿非有知也[8]，待父母而学者也[9]，听父母之教[10]。今子欺之[11]，是教子欺也[12]。母欺子，子而不信其母[13]，非所以成教也[14]。"遂烹彘也[15]。

曾子杀彘图

作品作者人物简介

《韩非子》：集先秦法家学说之大成的作品，是韩非死后，后人搜集其遗著并加入他人论述韩非学说的文章编辑而成，共五十五篇，二十卷。

韩非：战国末期韩国人，出身韩国贵

韩非像

族，与李斯同为荀子的学生。他有选择地接受前期法家的思想，成为法家的主要代表人物。

注释

1. 曾子：名参，字子舆，孔子的学生。之₁：的，结构助词。曾子之妻：曾子的妻子。之₂：古文字写作 ϒ，ϒ，以一只脚迈步向前示义，去，到……去，动词。市：市场，市集。

2. 随：跟在身后，追着她。泣：qì，哭。

3. 女：rǔ，你，这个意义后来写作"汝"。还：huán，回去。

4. 顾：不过。反：回来，返回，这个意义后来写作"返"。彘：zhì，猪。

5. 适：去，到……去。

6. 特：只是，仅仅。戏：开玩笑。耳：罢了，而已。

7. 非：不，不是。婴儿非与戏也：小孩子是不能随便和他开玩笑的。

8. 知：知识。

9. 待：依靠，依赖。

10. 听：听从，接受。教：教育，教导。

11. 子：第二人称代词，您，你。欺：骗，欺骗。

12. 是：代词，这样，这样做。子：孩子，古文字写作

ϒ，ϒ，ϒ，ϒ，像小孩子之形。

13. 而：就，就会。

14. 所以：……的方法，……的做法。非所以成教也：不是成功的教育孩子的方法。

15. 遂：于是，就。烹：pēng，烧煮食物。

常用词与固定结构

之（一）

1. 助词，放在定语和中心语之间，相当于现代汉语助词"的"。

例如：

　　曾子之妻之市。　　　　　　（《韩非子·外储说左上》）

　　听父母之教。　　　　　　　（《韩非子·外储说左上》）

　　其御之妻从门间而窥。　　　（《晏子春秋·内篇杂上》）

　　三里之城，七里之郭，环而攻之而不胜。

　　　　　　　　　　　　　　　（《孟子·公孙丑下》）

　　2. 动词，用在地点名词前，可译作"去""到……去"
"往……去"。

例如：

　　曾子之妻之市。　　　　　　（《韩非子·外储说左上》）

　　王之臣有托其妻子于其友而之楚游者。

　　　　　　　　　　　　　　　（《孟子·梁惠王下》）

　　吾欲之南海，何如？　　　　（《白鹤堂稿·为学》）

　　商君欲之他国。　　　　　　（《史记·商君列传》）

　　沛公引兵之薛。　　　　　　（《汉书·高帝纪》）

　　3. 代词，可译作"他""她""它""他们""它们"等。

例如：

　　其子随之而泣。　　　　　　（《韩非子·外储说左上》）

　　曾子欲捕彘杀之，妻止之。（《韩非子·外储说左上》）

　　今子欺之，是教子欺也。　（《韩非子·外储说左上》）

　　渔者得而并禽之。　　　　　（《战国策·燕策二》）

　　我见相如，必辱之。　　　　（《史记·廉颇蔺相如列传》）

其

　　1. 代词，可译作"他""他的""她""他们""他们的"
等。

例如：

　　其子随之而泣，其母曰：……。

　　　　　　　　　　　　　　　（《韩非子·外储说左上》）

　　其御之妻从门间而窥。　　　（《晏子春秋·内篇杂上》）

　　其夫为相御。　　　　　　　（《晏子春秋·内篇杂上》）

其妻请去。　　　　　　　　（《晏子春秋·内篇杂上》）

今者妾观其出，志念深矣。（《晏子春秋·内篇杂上》）

夫问其故。　　　　　　　　（《晏子春秋·内篇杂上》）

恐不能抗，可引军避之，与其空城。

　　　　　　　　　　　　　　（《三国志·魏书·满宠传》）

2. 代词，起指示作用，可译作"那"等。

例如：

其后，夫自抑损。　　　　　（《晏子春秋·内篇杂上》）

其巫，老女子也，已年七十。　（《史记·滑稽列传》）

即以其人之道，还治其人之身。（《四书集注·中庸注》）

也

句末语气词，表示判断或肯定的语气。

例如：

婴儿非与戏也，婴儿非有知也，待父母而学者也。

　　　　　　　　　　　　　　（《韩非子·外储说左上》）

今子欺之，是教子欺也。　　（《韩非子·外储说左上》）

非所以成教也。　　　　　　（《韩非子·外储说左上》）

意气扬扬，甚自得也。　　　（《晏子春秋·内篇杂上》）

妾是以求去也。　　　　　　（《晏子春秋·内篇杂上》）

陈胜者，阳城人也。　　　　　　（《史记·陈涉世家》）

子子孙孙无穷匮也。　　　　　　　（《列子·汤问》）

所 (一)

通常与其后的动词或动词短语结合成"所"字结构充当句子成分，"所"字结构为名词性结构，表示动作所涉及的人或事等，一般可以理解成"……的人""……的事物""……的情况"。

"所"还可以和介词"以""为""从"结合，表示动作行为发生的原因、处所、目的等，可译作"……的原因""……的地方""……的方法"等。

例如：

以天下之所顺，攻亲戚之所畔。（《孟子·公孙丑下》）

取舞阳所持地图！　　　　（《史记·刺客列传》）

召而见之，则所梦也。　　（《左传·昭公四年》）

今齐王甚憎仪，仪之所在，必兴师伐之。

（《史记·张仪列传》）

非所以成教也。　　　　（《韩非子·外储说左上》）

臣所以去亲戚而事君者，徒慕君之高义也。

（《史记·廉颇蔺相如列传》）

是吾剑之所从坠。　　　（《吕氏春秋·察今篇》）

基础语法

判断句（一）

古代汉语中的判断句与现代汉语不同，多用助词"者""也"表示判断，构成"……，……也""……者，……""……者，……也"的结构，有时也使用名词或者名词性结构作谓语来表示判断。在我们翻译这些判断句的时候，往往要加上"是"。

例如：

晏婴，齐之习辞者也。　　（《晏子春秋·内篇杂下》）

天下者，高祖之天下。　（《史记·魏其武安侯列传》）

然而不胜者，是天时不如地利也。（《孟子·公孙丑下》）

刘备，天下枭雄。　　（《三国志·吴志·鲁肃传》）

否定形式的判断句则可由"非""非……也"构成。

例如：

婴儿非与戏也，婴儿非有知也，待父母而学者也，听父母之教。今子欺之，是教子欺也。母欺子，子而不信其母，非所以成教也。　　　　（《韩非子·外储说左上》）

城非不高也，池非不深也，兵戈非不坚利也，米粟非不多也，委而去之，是地利不如人和也。（《孟子·公孙丑下》）

子非鱼，安知鱼之乐？　　　　（《庄子·秋水》）

圣人非所与熙也。　　　（《晏子春秋·内篇杂下》）

译文

　　曾子的妻子到市场去，她的儿子追着她哭泣。他的妈妈说："你回去吧，不过我回来以后会给你杀猪，做好吃的饭菜。"妻子去过市场回到家里，曾子准备抓住猪把猪杀掉。妻子阻止他，说："只是和小孩子开玩笑罢了！"曾子说："小孩子是不能随便跟他开玩笑的。小孩子没有很多知识，依靠向父母来学习，会接受父母给他的教育。今天你欺骗了他，这是在教小孩子欺骗。妈妈欺骗小孩子，小孩子就不会再相信妈妈了，你这样做，不是成功教育孩子的方法。"最后，曾子还是杀了猪，把猪肉做成了好吃的饭菜。

练习

一、根据课文，回答问题：

　　1. 曾子的妻子为了不让孩子跟着她，对孩子说了什么话？

　　2. 曾子的妻子为什么不让曾子杀猪？

　　3. 曾子为什么一定要杀猪？

　　4. 如果你是曾子或者是曾子的妻子，遇到同样的情况，你会怎么做？为什么？请试着说一说。

二、解释下列各句中"之"字的意义：

　　1. 曾子之妻之市，其子随之而泣。

　　2. 曾子欲捕彘杀之，妻止之。

　　3. 听父母之教。

　　4. 今子欺之，是教子欺也。

三、解释下列各句中"其"字的意义：

　　1. 曾子之妻之市，其子随之而泣。

　　2. 母欺子，子而不信其母。

　　3. 蚌方出曝，而鹬啄其肉。

　　4. 蚌合而拑其喙。

四、翻译下列各句，并解释加点词语的意思：

　　1. 女还，顾反为女杀彘。

　　2. 曾子欲捕彘杀之。

3. 特与婴儿戏耳。

4. 今子欺之，是教子欺也。

5. 母欺子，子而不信其母。

6. 遂烹彘。

7. 蚌方出曝，而鹬啄其肉。

8. 今日不雨，明日不雨，即有死蚌。

9. 渔者得而并禽之。

五、阅读下面的短文，并回答问题：

1. 鹬和蚌之间发生了什么事？

2. 渔翁为什么能同时抓到鹬和蚌？

3. 讲一讲"鹬蚌相争，渔翁得利"的故事，并表演出来。

鹬蚌相争

《战国策·燕策二》

今者臣来[1]，过易水[2]，蚌方出曝[3]，而鹬啄其肉[4]，蚌合而拑其喙[5]。鹬曰："今日不雨[6]，明日不雨，即有死蚌[7]。"蚌亦谓鹬曰[8]："今日不出，明日不出，即有死鹬。"两者不肯相舍[9]，渔者得而并禽之[10]。

鹬蚌相争，渔翁得利

注释

1. 今者：今天。

2. 易水：河流的名称。

3. 蚌：bàng，贝类的一种，壳黑褐色，椭圆形，可以开闭，生长于淡水中。方：正，正在。曝：pù，晒太阳。

4. 而：可是，但是。鹬：yù，一种水鸟，足长，嘴细长，常在浅水、沼泽中，以啄食小鱼、贝类为生。啄：zhuó，鸟类用尖嘴取食。

5. 拑：qián，同"钳"，夹住。喙：huì，本指鸟兽的嘴，这里指鹬的嘴。

6. 雨：古文字写作 ⺲，⺲，⺲，雨，像从天落雨之形，下雨。

7. 即：古文字写作 ⺈，⺈，人靠近食器，准备饮食，指立刻，马上。

8. 亦：也。谓……曰：对……说。

9. 两者：双方。相：互相，相互。舍：shě，舍弃，放开。

10. 渔：古文字写作 ⺼，钓鱼，捕鱼。渔者：渔夫，捕鱼人。得：古文字写作 ⺼，⺼，⺼，在路上捡到了贝（远古时候的钱），本义为"捡到""得到"。这里指抓住机会、得到机会。并：古文字写作 ⺼，⺼，为二人并排站在一起的形象，表示一起、一块儿、一并的意思。禽：通"擒"，抓住，擒获。

第二课

课文

和氏璧

《韩非子·和氏》

楚人和氏得玉璞楚山中[1]，奉而献之厉王[2]。厉王使玉人相之[3]。玉人曰："石也。"王以和为诳[4]，而刖其左足[5]。及厉王薨[6]，武王即位[7]。和又奉其璞而献之武王[8]，武王使玉人相之，又曰："石也。"王又以和为诳，而刖其右足。武王薨，文王即位。和乃抱其璞而哭于楚山之下[9]，三日三夜[10]，泪尽而继之以血[11]。王闻之[12]，使人问其故[13]，曰："天下之刖者多矣[14]，子奚哭之悲也[15]？"和曰："吾非悲刖也[16]，悲夫宝玉而题之以石[17]，贞士而名之以诳[18]，此吾所以悲也[19]。"王乃使玉人理其璞而得宝焉[20]，遂命曰"和氏之璧"[21]。

注释

1. 和氏：即卞和，春秋时楚国人。玉璞：未经加工的含玉的石头。楚山：山名，即荆山。

2. 奉：pěng，古文字写作 ![字形] ![字形]，双手捧着，这个意义后来写作"捧"。而：连词，连接"奉"和"献"两个动作，可不翻译。之：指代那块玉璞。厉王：与下文的"武王""文王"同为楚国的国君，"厉""武""文"为谥号。

3. 使：让，叫，派。玉人：玉匠，玉工。相：xiàng，古文字写作 ![字形]，![字形]，仔细观察，鉴别，动词。

4. 以……为……：认为……是……。诳：kuáng，欺骗，欺诈。这里指欺诈之人，即骗子。

5. 刖：yuè，断足，古代的一种酷刑，砍掉犯人的足。

其：他的，这里代指卞和的。足：古文字写作 ![字形]，![字形]，![字形]，

9

膝盖以下到脚趾的部分，即现在我们所说的小腿和脚。

刖人守囿铜挽车（局部一）

刖人守囿铜挽车（局部二）

　　6. 及：到，等到。薨：hōng，古代称公侯死为"薨"。

　　7. 即：古文字写作 　，人接近食器，准备饮食，故有接近、靠近之义。即位：继承王位，登上王位。

8. 其：那块。

9. 乃：于是，就。于：在。之：的。下：指山脚下。

10. 三：并非确指"三"，而是泛指次数较多、时间较长。三日三夜：这里指很多天，很长时间。

11. 尽：完了，没了。继：接着，接续。之：指代眼泪。以：介词，介引代替眼泪的对象，可译为"用"或"拿"。

12. 闻：古文字写作 ，人的手拢在耳边，仔细听声音。这里指听到、听说。之：这件事，指卞和在楚山中哭，眼泪哭干了流出血这件事。

13. 使：派。其：指代卞和。故：原因，缘故。

14. 刖者：被砍了足的人，受刖刑的人。矣：语气词，相当于现代汉语的"了"。

15. 子：古时对男子的尊称，可译为"您"。奚：xī，为什么，怎么。悲：伤心，悲伤。

16. 非：不是。悲刖：伤心被砍了足，因为被砍了足而伤心。

17. 夫：fú，用于句中，起舒缓语气的作用，可不翻译。而：可是，但是。题：命名，称作。题之以石：用石头来命名它，即把它说成石头，说它是石头。

18. 贞士：忠贞之士，即诚实忠心的人。名：与上文的"题"相呼应，也是"命名""称作"的意思。名之以诳：用骗子来称呼他，即把他说成骗子，称他为骗子。

19. 所以：……的原因。所以悲：伤心的原因。

20. 理：治玉，加工玉。宝：古文字写作 ，珍宝，宝贝，宝物，这里指宝玉、珍贵的玉。焉：相当于"于是"，其中"于"为介词，可译为"在"，"是"指代上文提到的"璞"，这里的"焉"可译为在玉璞里面。得宝焉：在玉璞里面发现了宝玉。

21. 遂：suì，于是，就。命：意义同上文的"题""名"，即"命名"。之：的。璧：bì，古代用于祭祀的玉质环状物，是一种扁平而圆、中间有孔的玉。

玉璧图

常用词与固定结构

以……为……/以为……

古汉语中较为固定的结构，"以"和"为"可以连在一起使用，也可以在二者之间插入其他成分，分开使用，用以表达自己的观点。可翻译成现代汉语"认为……是……""把……当作……"等。

例如：

> 王以和为诳，而刖其左足。 （《韩非子·和氏》）
>
> 子以我为不信…… （《战国策·楚策一》）
>
> 虎以为然，故遂与之行。 （《战国策·楚策一》）
>
> 虎不知兽畏己而走也，以为畏狐也。
>
> （《战国策·楚策一》）

乃（一）

副词，表示前后两件事在情理上顺承相因或时间上紧密相连。一般是在前面所说的原因或者条件之下，才出现了后边的结果或情况。可译为"于是""就"等。

例如：

武王薨，文王即位。和乃抱其璞而哭于楚山之下，三日三夜，泪尽而继之以血。　　　　　　（《韩非子·和氏》）

王乃使玉人理其璞而得宝焉，遂命曰"和氏之璧"。

（《韩非子·和氏》）

两刃相割，利钝乃知；二论相订，是非乃见。

（《论衡·案书》）

知彼知己，胜乃不殆；知天知地，胜乃可全。

（《孙子兵法·地形》）

故（一）

名词，指原因，可译为"原因""缘故"等。

例如：

王闻之，使人问其故。　　　　（《韩非子·和氏》）

既克，公问其故。　　　　（《左传·庄公十年》）

夏六月，葬庄公，乱故，是以缓。（《左传·闵公元年》）

鸠曰："何故？"枭曰："乡人皆恶我鸣，以故东徙。"

（《说苑·谈丛》）

奚

疑问副词，用在动词前，询问原因等，可译为"怎么""为什么"等。

例如：

天下之刖者多矣，子奚哭之悲也？（《韩非子·和氏》）

令朝至暮变，暮至朝变，十日而海内毕矣，奚待期年？

（《韩非子·难一》）

士患不勇耳，奚患于不能？　　（《吕氏春秋·忠廉》）

死者，天地之理，物之自然者也。奚可甚哀？

（《史记·文帝纪》）

者

助词，和动词、形容词结合构成名词性结构，指人物、时间等。也可以用在因果关系复句的前一分句末，提示某种现象，从而引出下一分句对原因的解释。可以根据具体的上下文译为"……的人""……的情况""……的时候""……的原因"等。

例如：

天下之刖者多矣，子奚哭之悲也？（《韩非子·和氏》）

夫环而攻之，必有得天时者矣，然而不胜者，是天时不如地利也。　　　　　　　　　（《孟子·公孙丑下》）

得道者多助，失道者寡助。　（《孟子·公孙丑下》）

贫者语于富者曰："吾欲之南海，何如？"

（《白鹤堂稿·为学》）

今者妾观其出，志念深矣，常有以自下者。

（《晏子春秋·内篇杂上》）

臣所以去亲戚而事君者，徒慕君之高义也。

（《史记·廉颇蔺相如列传》）

以 (一)

1. 介词，介引动作所使用的工具、手段、依据等，可译为"用""拿""凭""靠""凭借"等。

例如：

三日三夜，泪尽而继之以血。　　（《韩非子·和氏》）

吾非悲刖也，悲夫宝玉而题之以石，贞士而名之以诳，此吾所以悲也。　　　　　　　（《韩非子·和氏》）

域民不以封疆之界，固国不以山溪之险，威天下不以兵戈之利。　　　　　　　　　（《孟子·公孙丑下》）

以天下之所顺，攻亲戚之所畔。（《孟子·公孙丑下》）

百工为方以矩，为圆以规，直以绳，正以县。

（《墨子·法仪》）

2. 介词，介引动作处置的对象，可译为"把"。

例如：

谨庠序之教，申之以孝悌之义。（《孟子·梁惠王上》）

复以弟子一人投河中。　　　　（《史记·滑稽列传》）

此天以卿授孤也。（《资治通鉴·汉纪·建安十三年》）

3. 介词，介引动作行为发生的原因，可译为"因为"等。

14

例如：

妾是以求去也。 （《晏子春秋·内篇杂上》）

以相如功大，拜为上卿。（《史记·廉颇蔺相如列传》）

孙膑以此名显天下。 （《史记·孙子吴起列传》）

基础语法

疑问句

古汉语中表示疑问常使用疑问代词、疑问副词，或者是使用句末语气词，也可搭配使用，基本结构与现代汉语疑问句差别不大。

例如：

天下之刖者多矣，子奚哭之悲也？（《韩非子·和氏》）

且欲与常马等不可得，安求其能千里也？

（《昌黎先生集·马说》）

君若以德绥诸侯，谁敢不服？ （《左传·僖公四年》）

子夏云何？ （《论语·子张》）

观百兽之见我而敢不走乎？ （《战国策·楚策一》）

其真无马邪？其真不知马也！（《昌黎先生集·马说》）

吾岂匏瓜哉？焉能系而不食？ （《论语·阳货》）

孔子不能决也。两小儿笑曰："孰为汝多知乎？"

（《列子·汤问》）

译文

楚国人卞和在荆山中发现了一块玉石，他捧着这块玉石把它进献给厉王。厉王叫玉匠来鉴别这块玉石。玉匠说："这是一块石头。"厉王认为卞和欺骗他，就砍下了他的左小腿。等到厉王去世了，武王继承了王位。卞和又捧着那块玉石把它献给武王，武王叫玉匠来鉴定玉石，玉匠又说："这是一块石头。"武王也认为卞和欺骗他，就砍下了他的右小腿。武王去世了，文王登基当了国王。卞和就怀抱那块玉石在荆山的山脚下痛哭，哭了几天几夜，眼泪哭干了，接着眼里哭出了血。文王听说了这个情况，派人去问卞和这样做的原因，来人说："天下被砍了小腿的人多了，您为什么哭得那么伤心呢？"卞和回答说："我不是因为被砍了小腿而伤心，我伤心的是珍贵的美玉被说成石头，忠诚的人被叫作骗子，这才是我伤心的原因。"文王听了卞和的话，就叫玉匠加工这块玉石，果然在这块玉石中发现了珍稀的美玉，于是文王就命名这块美玉叫"和氏璧"。

练习

一、根据课文，回答问题：

　　1. 卞和为什么被砍了左足和右足？

　　2. "和乃抱其璞而哭于楚山之下，三日三夜，泪尽而继之以血"，卞和为什么这么哭？

　　3. 这块宝玉为什么被叫作"和氏之璧"？

二、解释下列各句中加点词语的意义：

　　1. 和又奉其璞而献之武王。

　　2. 厉王使玉人相之。

　　3. 王闻之，使人问其故。

　　4. 天下之刖者多矣，子奚哭之悲也？

　　5. 悲夫宝玉而题之以石，贞士而名之以诳，此吾所以悲也。

　　6. 王乃使玉人理其璞而得宝焉，遂命曰"和氏之璧"。

三、翻译下列各句：

　　1. 王以和为诳，而刖其左足。

　　2. 武王薨，文王即位。

　　3. 泪尽而继之以血。

　　4. 王闻之，使人问其故。

　　5. 吾非悲刖也，悲夫宝玉而题之以石，贞士而名之以诳，此吾所以悲也。

四、阅读下面的短文，并回答问题：

　　1. 狐狸被老虎抓到后，为了不被老虎吃掉，它对老虎说了什么？

　　2. 狐狸为了让老虎相信它的话，想了什么办法？

3. 将这个小故事改编一下，表演出来。

狐假虎威

《战国策·楚策一》

　　虎求百兽而食之[1]，得狐。狐曰："子无敢食我也[2]！天帝使我长百兽[3]，今子食我[4]，是逆天帝命也[5]。子以我为不信[6]，吾为子先行[7]，子随我后[8]，观百兽之见我而敢不走乎[9]？"虎以为然[10]，故遂与之行[11]。兽见之皆走[12]。虎不知兽畏己而走也[13]，以为畏狐也。

注释

　　1. 求：找寻。百兽：各种野兽。
　　2. 无：不。无敢：不敢。

　　3. 长：zhǎng，古文字写作 𢒘，首领，这里名词活用为动词，做首领，即统领、管理。
　　4. 子：敬称，您。
　　5. 是：这样做。逆：nì，违背，违反。
　　6. 信：从人从言会意，诚实，老实。
　　7. 为：给，替。先行：走在前面。
　　8. 随：跟着，跟随。

9. 而：却。走：古文字写作 ，跑，逃跑。

10. 然：这样，对。以为然：认为狐狸的话是对的。

11. 故：所以。遂：suì，就。

12. 之：它们，指代老虎和狐狸。

13. 畏：古文字写作 ，，害怕。畏己：害怕自己。

第三课

课文

苛政猛于虎

《礼记·檀弓下》

孔子过泰山侧，有妇人哭于墓者而哀[1]。夫子式而听之[2]，使子路问之曰："子之哭也，壹似重有忧者[3]？"而曰[4]："然[5]。昔者[6]，吾舅死于虎[7]，吾夫又死焉[8]，今吾子又死焉。"夫子曰："何为不去也[9]？"曰："无苛政[10]。"夫子曰："小子识之[11]，苛政猛于虎也[12]！"

作品作者人物简介

《礼记》：儒家经典之一，为孔子的弟子以及再传弟子所记，共二十卷，四十九篇，是研究先秦社会情况、儒家学说及先秦典章制度的重要参考文献。

注释

1. 哀：悲痛，伤心。
2. 夫子：指孔夫子，孔子。式：通"轼"，车前扶手横木，这里活用为动词，扶着横木。

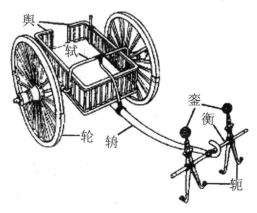

上古的车

3. 壹：确实，实在。似：好像，像……一样。重：chóng，多重，多种。

4. 而：用法相当于"乃"，表示顺承的关系，可译为"就"。

5. 然：是这样。

6. 昔：古文字写作 𡿩，𡿩，描绘的是远古时期洪水泛滥的景象，本义为古时候。昔者：从前的时候，以前，过去。

7. 舅：jiù，古汉语里，"舅"与"姑"对称。舅，指公公，丈夫的父亲；姑，指婆婆，丈夫的母亲。

8. 夫：古文字写作 𠀂，𠀂，本义为以簪束发的成年人，这里指丈夫。焉：相当于"于是"。于：介词，在。是：代词，指代老虎。

9. 何为：为何，为什么，怎么。去：古文字写作 𠙯，𠙯，离开。

10. 苛政：苛刻、残暴的政令。

11. 小子：年轻人。长辈对晚辈或老师对学生的称呼。识：zhì，记住。

12. 猛：凶猛，厉害。于：介词，用在形容词之后，表示比较，并介引比较的对象，可译为"比""过"。

常用词与固定结构

于 (一)

1. 介词，介引动作所涉及的处所、时间和对象。可以译为"在""到""向""从""对""对于"等。
例如：

孔子过泰山侧，有妇人哭于墓者而哀。

（《礼记·檀弓下》）

吾舅死于虎，吾夫又死焉，今吾子又死焉。

（《礼记·檀弓下》）

客之美我者，欲有求于我也。　（《战国策·齐策一》）

20

能谤讥于市朝，闻寡人之耳者，受下赏。

（《战国策·齐策一》）

燕、赵、韩、魏闻之，皆朝于齐，此所谓战胜于朝廷。

（《战国策·齐策一》）

自吾氏三世居是乡，积于今六十岁矣。

（《河东先生集·捕蛇者说》）

2. 介词，用在形容词后边，表示比较，并介引比较的对象，可译为“比”“过”等。

例如：

小子识之，苛政猛于虎也！　　（《礼记·檀弓下》）

青，取之于蓝而青于蓝；冰，水为之而寒于水。

（《荀子·劝学篇第一》）

人固有一死，死有重于泰山，或轻于鸿毛，用之所趋异也。

（《汉书·司马迁传》）

烈于猛火。　　　　　　　　　　（《尚书·胤征》）

田赞衣补衣而见荆王，荆王曰：“先生之衣何其恶也！”田赞对曰：“衣又有恶于此者也。”　　（《吕氏春秋·顺说》）

而 (一)

1. 连词，表示转折关系，可译作“但是”“可是”“却”等。

例如：

吾非悲刖也，悲夫宝玉而题之以石，贞士而名之以诳，此吾所以悲也。　　　　　　　　　（《韩非子·和氏》）

吾为子先行，子随我后，观百兽之见我而敢不走乎？

（《战国策·楚策一》）

三里之城，七里之郭，环而攻之而不胜。

（《孟子·公孙丑下》）

然而不胜者，是天时不如地利也。（《孟子·公孙丑下》）

千里马常有，而伯乐不常有。（《昌黎先生集·马说》）

2. 连词，表示顺承的关系，可不译。

例如：

孔子过泰山侧，有妇人哭于墓者而哀。

（《礼记·檀弓下》）

子之哭也，壹似重有忧者？而曰：然。

（《礼记·檀弓下》）

虎求百兽而食之，得狐。　　（《战国策·楚策一》）

曾子之妻之市，其子随之而泣。

（《韩非子·外储说左上》）

母欺子，子而不信其母。　（《韩非子·外储说左上》）

3. 连词，连接前后两部分，"而"字前面的部分，表示动作行为的方式或状态，对后一部分起修饰作用，翻译时可加"着""地"，或者不翻译。

例如：

夫子式而听之，使子路问之。　　（《礼记·檀弓下》）

吾尝终日而思矣，不如须臾之所学也；吾尝跂而望矣，不如登高之博见也。登高而招，臂非加长也，而见者远；顺风而呼，声非加疾也，而闻者彰。（《荀子·劝学篇第一》）

大臣内叛，诸侯外反，亡可翘足而待也。

（《史记·高祖本纪》）

行海者坐而至越，有舟也；行陆者立而至秦，有车也。

（《慎子·逸文》）

焉（一）

用在动词或动宾结构之后，相当于"于是"。其中"于"为介词，可译为"在""从""比"等。于是：可译为"在那里""从这里""比这个"等。

例如：

吾舅死于虎，吾夫又死焉，今吾子又死焉。

（《礼记·檀弓下》）

王乃使玉人理其璞而得宝焉。　（《韩非子·和氏》）

殽有二陵焉。　　（《左传·僖公三十二年》）

必死是间，余收尔骨焉。　（《左传·僖公三十二年》）

积土成山，风雨兴焉；积水成渊，蛟龙生焉。

率妻子邑人来此绝境，不复出焉。

（《陶渊明集·桃花源记》）

今宋人弑其君，罪莫大焉。　　　（《国语·晋语五》）

安

1. 疑问代词，用在动词或介词之前，表示对处所的询问，可译为"哪里""什么地方"等。

例如：

鸠曰："子将安之？"　　　　　　（《说苑·谈丛》）

沛公安在？　　　　　　　　　　（《汉书·高帝纪》）

皮之不存，毛将安傅？　　（《左传·僖公十四年》）

2. 副词，常用于动词或助动词之前，作状语，表示反问的语气，可译为"哪里"，"怎么"等。

例如：

燕雀安知鸿鹄之志哉！　　　　（《史记·陈涉世家》）

臣死且不避，卮酒安足辞？　　（《史记·项羽本纪》）

安有说人主不能出其金玉锦绣，取卿相之尊者乎！

（《战国策·秦策三》）

基础语法

比较句 (一)

古代汉语中，表示比较的方法很多，句式也多种多样，我们只列举有代表性的几种句式加以说明。

A＋比较的内容＋于＋B

A＋与＋B＋比较的内容

其中 B 为比较的对象，由介词"于"或"与"介引。该句式可译为"……比……，……"或"……和/跟/同/……比，……"等。

例如：

小子识之，苛政猛于虎也。　　　（《礼记·檀弓下》）

青，取之于蓝而青于蓝；冰，水为之而寒于水。

臣之妻私臣，臣之妾畏臣，臣之客欲有求于臣，皆以美于徐公。　　　　　　　　　（《战国策·齐策一》）

田赞对曰："衣又有恶于此者也。"（《吕氏春秋·顺说》）

金重于羽者，岂谓一钩金与一舆羽之谓哉？

（《孟子·告子下》）

夫地大而不垦者，与无地同。　　（《商君书·算地》）

诈而袭之，与先惊而后击之，一也。（《荀子·议兵》）

我诸戎饮食衣服不与华同。　　（《左传·襄公十四年》）

译文

　　孔子从泰山旁边经过，发现了一个在坟前哭的妇人，这个妇人哭得很伤心。孔子扶着车轼听着妇人哭的声音，并且派子路去询问这个妇人的情况。子路问道："听您哭的声音，好像是真的有很多伤心事？"妇人回答说："是这样。过去，我的公公被老虎杀死了，我的丈夫也被老虎杀死了，今天我的儿子又被老虎杀死了。"孔子对妇人说："那你为什么不离开这里呢？"妇人回答说："因为这里没有残暴的政治。"孔子对弟子们说："你们一定要记住这句话，残暴的政治比老虎还凶残啊！"

练习

一、根据课文，回答问题：

　　1. "苛政猛于虎"是什么意思？

　　2. 妇人为什么哭得那么伤心？

　　3. 她为什么不离开这个有吃人老虎的地方？

二、解释下列各句中加点词语的意义：

　　1. 孔子过泰山侧，有妇人哭于墓者而哀。

　　2. 夫子式而听之，使子路问之。

　　3. 子之哭也，壹似重有忧者？而曰：然。

　　4. 吾舅死于虎，吾夫又死焉，今吾子又死焉。

5. 何为不去也？

6. 小子识之，苛政猛于虎也！

三、翻译下列各句：

1. 夫子式而听之，使子路问之。

2. 吾舅死于虎，吾夫又死焉，今吾子又死焉。

3. 何为不去也？

4. 小子识之，苛政猛于虎也！

5. 子将安之？

6. 乡人皆恶我鸣，以故东徙。

四、阅读下面的短文，并回答问题：

1. 枭为什么要搬家？

2. 枭搬了家就会受欢迎吗？

3. 枭怎样做才有可能受欢迎？

4. 试着改编这个寓言故事，并表演出来。

枭逢鸠

《说苑·谈丛》

枭逢鸠[1]。鸠曰："子将安之[2]？"枭曰："我将东徙[3]。"鸠曰："何故[4]？"枭曰："乡人皆恶我鸣[5]。以故东徙[6]。"鸠曰："子能更鸣可矣，不能更鸣[7]，东徙，犹恶子之声[8]。"

注释

1. 枭：xiāo，同"鸮"，鸟纲鸮鹠科各种类的泛称。一说像猫头鹰一类的鸟，多在黄昏或夜间活动，因相貌凶恶，鸣声凄厉，往往被视为不祥之鸟，不被人喜欢。逢：碰到，遇到。鸠：jiū，斑鸠一类的鸟，身体灰褐色，颈部有白色或黄褐色斑点，故名斑鸠。

枭

鸠

2. 将：准备，将要。安：什么地方，哪里。之：古文字

写作 ![] ， ![] ，去，到……去，动词。

3. 徙：xǐ，迁徙，这里指迁居，即搬家。

4. 何：什么。故：原因，缘故。何故：什么原因？为什么？

5. 乡人：住在同一乡里的人，住在一起的人。皆：全，都。恶：wù，厌恶，讨厌，不喜欢。鸣：鸟叫，这里指鸟的叫声。

6. 以故：因此。东徙：搬到东边去。

7. 更：gēng，改变，改换。更鸣：改变叫声。

8. 犹：还，还是，仍然。

第四课

课文

大道之行也

《礼记·礼运》

大道之行也 [1]，天下为公 [2]。选贤与能 [3]，讲信修睦 [4]。故人不独亲其亲 [5]，不独子其子 [6]。使老有所终 [7]，壮有所用 [8]，幼有所长 [9]，鳏寡孤独废疾者皆有所养 [10]。男有分 [11]，女有归 [12]。货恶其弃于地也 [13]，不必藏于己 [14]；力恶其不出于身也 [15]，不必为己。是故谋闭而不兴 [16]，盗窃乱贼而不作 [17]，故外户而不闭 [18]，是谓大同 [19]。

注释

1. 大道：指儒家政治上的最高理想，这里指五帝时期的政治。五帝通常指的是黄帝、颛顼（zhuān Xū）、帝喾（Dì Kù）、唐尧（Táng Yáo）和虞舜（Yú Shùn）。行：古文字写作 ，本义指四通八达的道路，也指行走，这里指施行、实行。

2. 公：与"私"相对，"私"指个人的、自己的；"公"指的是公共的、大家的。

3. 选贤与能：其中"选"和"与"相对举，"贤"和"能"相呼应。选：推举。与：举荐。贤、能：均指有道德、有才能的人。整句话的意思是：举荐有德有才的人。

4. 讲信修睦：结构与"选贤与能"一致，"讲"与"修"

相呼应，"信"与"睦"相对举。讲：讲求，讲究。修：追求，致力于……。信：信用，诚信。睦：和睦，和好，亲近。整句话是说：讲求诚信，致力于和睦相处。

5. 独：单单，仅仅。亲其亲：两个"亲"的意义和用法不同，第二个"亲"为名词，指父母。第一个"亲"为名词的意动用法，是"以……为亲"，即"把……当作父母"的意思。亲其亲：即把他的父母当作父母。

6. 子其子：与上文的"亲其亲"结构用法相一致。第二个"子"为名词，古文字写作 ，指孩子。第一个"子"也是名词的意动用法，是"以……为子"，即"把……当作孩子"的意思。子其子：即把他的孩子当作孩子。

7. 使：让，叫。老：古文字写作 ，本指年纪大，这里指年纪大的人，即老人。终：终了，结束，这里指生命的终结，即死亡。所终："所"字结构，指养老送终的地方。下文的"所用""所长""所养"，用法与此相同。

8. 壮：强壮，健壮，这里指身体强健的人，即壮年人，古人三十岁以上为壮年。所用：发挥能力的地方。

9. 幼：年少，这里指年纪小的人，即幼儿。长：zhǎng，成长，长大。所长：成长的环境，成长的条件。

10. 鳏寡孤独废疾者：指六种弱势人群。鳏：guān，老而无妻，即鳏夫；寡：guǎ，老而无夫，即寡妇；孤：幼而无父，即孤儿；独：老而无子；废：肢体有伤残；疾：身体有病。废疾者：身体有病、有伤残的人。所养：供养、照料的条件。

11. 分：fèn，职分，职责。

12. 归：女子出嫁。

13. 货：财物。恶：wù，不喜欢，不愿意。弃：古文字写作 ，为双手抛弃一夭亡的婴孩的形象，本义为丢弃，抛弃，扔掉。

14. 藏：收藏，保藏。己：自己。

15. 力：古文字写作 ，像人筋肉纵横鼓起的形状，指力量、气力。于：从。身：古文字写作 ，是人的身体的形象，这里指自身、自己。

16. 是故：因此，正因如此。谋：阴谋，计谋。闭：古文字写作 ，门闩在门上，本义为关门，这里指的是关起门来做的事，也指阴谋、叛逆。谋闭：同义词连用。而：连词，连接主语和谓语，不必翻译，下文的两个"而"用法与此相同。兴：古文字写作 ，四只手抬起重物，这里指兴起、产生、出现。

17. 盗窃乱贼：四种不法的行为。其中"盗""窃"均指偷窃的行为。乱：指扰乱社会秩序的行为。贼：指伤害别人的行为。作：与上文的"兴"相呼应，指兴起、产生、出现。

18. 故：所以。户：古文字写作 ，像单扇门。外户：指院门。闭：关门。

19. 是：这，这样。谓：叫，称为。大同：儒家宣扬的理想社会。

常用词与固定结构

之（二）

助词，用在主语和谓语之间，取消句子的独立性，一般不用翻译。

例如：

大道之行也，天下为公。　　　　（《礼记·礼运》）

泾流之大，两涘渚崖之间，不辩牛马。（《庄子·秋水》）

子之哭也，壹似重有忧者？　　　（《礼记·檀弓下》）

故王之不王，不为也，非不能也。（《孟子·梁惠王上》）

人之立志，顾不如蜀鄙之僧哉！（《白鹤堂稿·为学》）

而（二）

连词，连接主语和谓语，可以不翻译。

例如：

是故谋闭而不兴，盗窃乱贼而不作，故外户而不闭，是谓大同。　　　　　　　　　　（《礼记·礼运》）

子产而死，谁其嗣之？　　　（《左传·襄公三十年》）

人而无知，与木何异？　　　　　　　（《神灭论》）

诸君而有意，瞻予马首可也。

　　　　　　　（《清稗类钞·冯婉贞胜英人于谢庄》）

是

1. 代词，指代上文提到的内容，可译为"这""这样"。

例如：

故外户而不闭，是谓大同。　　　（《礼记·礼运》）

是天时不如地利也。　　（《孟子·公孙丑下》）

是地利不如人和也。　　（《孟子·公孙丑下》）

2. 指示代词，用于名词前，起指示作用，可译为"这"，为了使句子翻译通顺，可根据具体语境增加相应的量词。

例如：

是马也，虽有千里之能，食不饱，力不足。

　　　　　　　　　　（《昌黎先生集·马说》）

必死是间，余收尔骨焉！　（《左传·僖公三十二年》）

是岁江南旱，衢州人食人。

　　　　　　（《白居易全集·秦中吟十首·轻肥》）

3. 连词，"是"与"故""以"连用，可以用在复合句的后一分句中，表示前后的顺承关系，可译为"所以""因此"等。

例如：

是故谋闭而不兴，盗窃乱贼而不作。（《礼记·礼运》）

妾是以求去也。　　　（《晏子春秋·内篇杂上》）

故君子敬其在己者，而不慕其在天者，是以日进也。

　　　　　　　　　　（《荀子·天论》）

是故无贵无贱，无长无少，道之所存，师之所存也。

　　　　　　　　　　（《昌黎先生集·师说》）

故（二）

连词，一般用在复合句下一分句之首，表示前后的因果关系，可译为“因此”“所以”等。

例如：

故外户而不闭，是谓大同。　　　　　（《礼记·礼运》）

故君子有不战，战必胜矣。　　　　（《孟子·公孙丑下》）

吾视其辙乱，望其旗靡，故逐之。（《左传·庄公十年》）

彼竭我盈，故克之。　　　　　　（《左传·庄公十年》）

弗

否定副词，可译为“不”。

例如：

虽与之俱学，弗若之矣。　　　　　　（《孟子·告子上》）

虽然，受地于先王，愿终守之，弗敢易。

　　　　　　　　　　　　　　　　　（《战国策·魏策四》）

法之所加，智者弗敢辞，勇者弗敢争。

　　　　　　　　　　　　　　　　　　（《韩非子·有度》）

以兄之禄为不义之禄而不食也，以兄之室为不义之室而弗居也。　　　　　　　　　　（《论衡·刺孟》）

长安中诸公莫弗称之。　　（《史记·魏其武安侯列传》）

基础语法

词类活用（一）
形容词活用为名词

在古代汉语中，形容词可以活用为名词，表示具有该形容词性状的人或物。

例如：

使老有所终，壮有所用，幼有所长，鳏寡孤独废疾者皆有所养。　　　　　　　　　　（《礼记·礼运》）

义不杀少而杀众，不可谓知类。　　　（《墨子·公输》）

大王加惠，以大易小，甚善。　　（《战国策·魏策四》）

将军身披坚执锐，伐无道，诛暴秦。

（《史记·项羽本纪》）

小固不可以敌大，寡固不可以敌众，弱固不可以敌强。

（《孟子·梁惠王上》）

意动用法 (一)
名词的意动用法

所谓名词的意动用法就是句子的主语主观上认为宾语所表示的人或事物就是作谓语的名词所表示的人或事物。翻译时可适当增加"认为……""以为……"或"把……当作……"等词语。

例如：

故人不独亲其亲，不独子其子。 （《礼记·礼运》）

孟尝君客我。 （《战国策·齐策四》）

友风而子雨。 （《荀子·赋篇》）

襟三江，带五湖。 （《滕王阁序》）

邑人奇之，稍稍宾客其父。《临川先生文集·伤仲永》）

译文

大道施行的时候，天下是大家的。人们推荐有德有才的人，讲求诚信，致力于和睦相处。因此，当时的人不单单把自己的父母当作父母来赡养，不只是把自己的孩子当成孩子来照顾。人们让所有的老人都有养老的地方，让所有青壮年都有发挥自己能力的场所，让所有的幼儿都有适合他们成长的环境，让所有的鳏夫、寡妇、孤儿、孤老、病残人都有供养、照料的条件。男人在社会上都能找到自己的位置，女人到了结婚的年龄都能出嫁。人们不愿意看到财物被丢弃在地上，哪怕这财物不一定属于自己所有；人们更愿意把气力从自己的身上使出来，即使不一定是为了自己。正因为如此，阴谋叛逆就不会产生，偷窃别人财物、扰乱社会秩序的事就不会出现，所以每家每户都可以不关院门，这就叫大同社会。

练习

一、根据课文，回答问题：

    1. 作者心目中的"大同社会"是什么样子的？请你简单说明一下。

    2. 你同意作者的观点吗？请说说你的看法。

二、解释下列各句中加点词语的意义：

    1. 选贤与能，讲信修睦。

    2. 故人不独亲其亲，不独子其子。

    3. 使老有所终，壮有所用，幼有所长，鳏寡孤独废疾者皆有所养。

    4. 男有分，女有归。

    5. 是故谋闭而不兴，盗窃乱贼而不作，故外户而不闭，是谓大同。

三、翻译下列各句：

    1. 故人不独亲其亲，不独子其子。

    2. 使老有所终，壮有所用，幼有所长，鳏寡孤独废疾者皆有所养。

    3. 货恶其弃于地也，不必藏于己；力恶其不出于身也，不必为己。

四、将下列成语填写完整，并熟练掌握它们的意义和用法：

    天下＿＿＿公　　鳏＿＿＿孤独　　＿＿＿心致志

五、阅读下面的短文，并回答问题：

    1.《弈秋》一文告诉我们什么道理？请谈谈你的想法。

    2. 在这篇短文中，"之"字出现了很多次，用法也各不相同，试着总结一下"之"字的不同用法，并从短文中摘出相关的例句加以说明。

弈秋

《孟子·告子上》

    今夫弈之为数[1]，小数也。不专心致志[2]，则不得也[3]。弈秋[4]，通国之善弈者也[5]。使弈秋诲二人弈[6]，其一人专心致志[7]，惟弈秋之为听[8]；一人虽听之[9]，一心以为有鸿鹄将至[10]，思援弓缴而射之[11]。虽与之俱学[12]，弗若之矣[13]。

对弈图

注释

1. 今：现在，如今。夫：fú，发语词，表示将要发表议论。弈：yì，下围棋。数：技术，技艺。

2. 专心致志：集中精神，一心一意。

3. 则：就，便。得：收获，获得。

4. 弈秋：传说中古代有名的围棋大师，秋是他的名字。

5. 通国：全国，整个国家。善：善于，擅长。

6. 使：让，叫。诲：huì，教，指导。

7. 其：他们。其一人：他们之中的一个。

8. 惟弈秋之为听：即"惟听弈秋"，只听弈秋的。

9. 虽：虽然。之：指弈秋。

10. 心：古文字写作 ![心1] ， ![心2] ，像心脏之形。一心：全部心思，心里想的都是。鸿鹄：hóng hú，指大雁和天鹅。将：要，就要。

11. 思：想，考虑。援：yuán，拿，拿过来。缴：zhuó，系在箭上的细丝线。弓缴：弓和系在箭上的细丝线，这里指弓和箭。射：古文字写作 ![射1] ， ![射2] ，像拉弓射箭之形。之：代词，代指鸿鹄。

12. 俱：一起，一同。

13. 若：像……一样，比得上。

34

第五课

课文

小国寡民

《老子·德经》

小国寡民 [1]，使民有什伯之器而不用 [2]，使民重死而不远徙 [3]。虽有舟舆 [4]，无所乘之 [5]；虽有甲兵 [6]，无所陈之 [7]。使民复结绳而用之 [8]。甘其食 [9]，美其服 [10]，安其居 [11]，乐其俗 [12]。邻国相望 [13]，鸡犬之声相闻 [14]，民至老死不相往来 [15]。

作品作者人物简介

《老子》：又称《道德经》，道家的主要经典，共八十一章，相传为春秋末老聃著。

老聃，即后人所称老子，姓李名耳，字伯阳，道家学派的创始人。

老子像

注释

1. 小：古文字写作 ⺌，⺌，用沙粒或籽粒示义。这里是形容词的使动用法，使……变小。寡：少。在这里为形容词的使动用法，使……变少。民：古文字写作 甲，甲，刃物刺眼，作为奴隶的特征，泛指被统治的下层人民。小国寡民：让国家的面积小，让人民的数量少。

2. 什：shí，十倍。伯：bǎi，通"佰"，百倍。器：器具，工具。什伯之器：指效用高十倍、百倍的工具。而：可是，但是。

3. 重：chóng，再次，重复。重死：即再死，又死，死两次。另外一种说法认为："重"读 zhòng，以……为重，即认为……重要，形容词的意动用法。重死：看重生命，看重生死。徙：xǐ，迁徙，搬家。

4. 舟：古文字写作 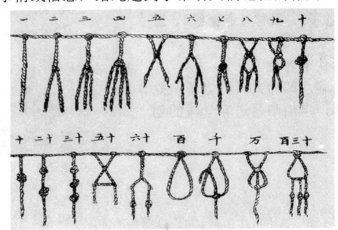，船。舆：yú，车。舟舆：指车船等交通工具。

5. 无所：没有什么地方。乘：chéng，乘坐。

6. 甲：古文字写作，铠甲的甲缝与甲片的形象，这里指铠甲、甲衣。兵：古文字写作，以手持斧钺示义，兵器，武器。甲兵：在这里借指军队。

7. 陈：陈列，这里指的是排列好交战的队列。

8. 复：再，又，重新。结绳：远古时代，人们的一种记事方法。文字产生以前，人们用在绳索上打结的办法，记录一些事情或信息，结绳起到了帮助人们记忆的作用。

结绳记事

结绳

9. 甘：古文字写作 ⬚，⬚，人口中含饴，本义为甘甜。这里的"甘"与下文的"美""安""乐"用法一致，都是形容词的意动用法。"甘"是"以……为甘"，即"认为……甜美"的意思。食：古文字写作 ⬚，⬚，食器里盛满了饭，这里指食物、饮食。

10. 美：古文字写作 ⬚，为人头上插饰羽毛的形象，本义为美丽、漂亮。这里是"以……为美"，即"认为……漂亮"的意思。服：服饰，服装。

11. 安：古文字写作 ⬚，⬚，字形为女人在屋室中的形象，本义为安全、安逸。这里是"以……为安"，即"认为……安逸""认为……舒适"的意思。居：住处，居所。

12. 乐：lè，古文字写作 ⬚，⬚，像乐器之形，音乐能使人愉悦，故有快乐、高兴之义。这里是"以……为乐"，即"认为……快乐""认为……和乐"的意思。俗：风俗，民俗，习俗。

13. 邻：相邻的。相：互相。望：古文字写作 ⬚，⬚，是一个人站在高处，睁大眼睛眺望天空中的月亮的样子，本义为向远处看，这里指远远地看到。

14. 犬：古文字写作 ⬚，⬚，⬚，⬚，像狗形。鸡犬之声：鸡鸣狗吠的声音。闻：听到。

15. 老死：因年老而死，即寿终。往来：即来往、走动、交往、交流。

常用词与固定结构

虽

连词，表示假设或让步的关系。可译为"即使""纵使""就是"等。
例如：

虽有舟舆，无所乘之；虽有甲兵，无所陈之。

（《老子·德经》）

故虽有名马，只辱于奴隶人之手，骈死于槽枥之间，不以千里称也。　　　　　　（《昌黎先生集·马说》）

虽有千里之能，食不饱，力不足，才美不外见。

（《昌黎先生集·马说》）

故君虽尊，以白为黑，臣不能听；父虽亲，以黑为白，子不能从。　　　　　　　　（《吕氏春秋·应同》）

有所/无所

"所"字与"有""无"连用，构成"有所""无所"的惯用格式，可根据具体的上下文翻译成"有/没有……地方""有/没有……人""有/没有……的东西"等。

例如：

虽有舟舆，无所乘之；虽有甲兵，无所陈之。

（《老子·德经》）

今入关，财物无所取，妇女无所幸，此其志不在小。

（《史记·项羽本纪》）

君若以力，楚国方城以为城，汉水以为池，虽众，无所用之。　　　　　　　　　（《左传·僖公四年》）

吾入关，秋毫不敢有所近，籍吏民，封府库，而待将军。

（《史记·项羽本纪》）

是故明有所不见，听有所不闻。（《史记·龟策列传》）

相

副词，表示双方彼此对待的关系，可译为"互相""相互"等。

例如：

邻国相望，鸡犬之声相闻，民至老死不相往来。

（《老子·德经》）

辅车相依，唇亡齿寒。　　　　（《左传·僖公五年》）

两者不肯相舍，渔者得而并禽之。（《战国策·燕策二》）

教学相长也。　　　　　　　　　　（《礼记·学记》）

其言虽殊，辟犹水火，相灭亦相生也；仁之与义，敬之与和，相反而皆相成也。

（《汉书·艺文志》）

基础语法

使动用法 （一）

形容词的使动用法

所谓使动用法就是使宾语产生某种行为或发生某种变化。古汉语的使动句翻译成现代汉语时应该加上"使""让""叫"等使役性词语。

形容词的使动用法是使宾语所表示的人或事物发生变化，使之具有作谓语的形容词所表示的性质或状态。

例如：

小国寡民，使民有什伯之器而不用，使民重死而不远徙。

（《老子·德经》）

卑而骄之，佚而劳之，亲而离之。

（《孙子兵法·计篇》）

域民不以封疆之界，固国不以山溪之险，威天下不以兵戈之利。

（《孟子·公孙丑下》）

能富贵将军者，上也。　（《史记·魏其武安侯列传》）

今媪尊长安君之位，而封之以膏腴之地。

（《战国策·赵策四》）

意动用法 （二）

形容词的意动用法

所谓形容词的意动用法就是句子的主语主观上认为宾语所表示的人或事物具有形容词谓语所具有的性质或状态。翻译时可适当加上"认为……""以为……""觉得……"，或者是"把……当作……"。

例如：

甘其食，美其服，安其居，乐其俗。　（《老子·德经》）

孔子登东山而小鲁，登泰山而小天下。

（《孟子·尽心上》）

晏子怪之。　　　　　　　　　（《晏子春秋·内篇杂上》）

孟尝君怪之。　　　　　　　　　（《战国策·齐策四》）

孟尝君怪其疾也，衣冠而见之。（《战国策·齐策四》）

渔人甚异之。　　　　　　　　　（《陶渊明集·桃花源记》）

译文

　　让国家的面积不要太大，让老百姓的数量也不要太多，让人们即使有功效高十倍、百倍的工具也不使用，让人们有即使再活一辈子也不往远方迁徙的想法。就是有船、有车，也没有使用它们的地方；即使有武器、有军队，也没有陈列、使用它们的机会。让老百姓重新去结绳并且使用它来记事。让人们觉得他们的食物很香甜可口，觉得他们的服饰很华美漂亮，觉得他们的居所很安逸舒适，觉得他们的民风习俗很和乐惬意。相邻国家的人们可以互相远远望见，鸡鸣狗吠的声音可以互相听见，但是百姓到老、到死都不互相来往、走动。

练习

一、根据课文，回答问题：

　　1. 作者阐述了自己对社会形态的一种看法，你能简单地复述一下吗？

　　2. 请你评价一下作者的观点，并说明一下你自己的意见和看法。

二、解释下列各句中加点词的意义和用法：

　　1. 小国寡民，使民有什伯之器而不用，使民重死而不远徙。

　　2. 甘其食，美其服，安其居，乐其俗。

　　3. 能富贵将军者，上也。

　　4. 今媪尊长安君之位，而封之以膏腴之地。

　　5. 卑而骄之，佚而劳之，亲而离之。

三、解释下列各句中加点词语的意义：

　　1. 使民重死而不远徙。

2. 虽有舟舆，无所乘之；虽有甲兵，无所陈之。

3. 使民复结绳而用之。

4. 邻国相望，鸡犬之声相闻，民至老死不相往来。

四、根据课文，选择括号中的词语填空：

　　小国（少，寡）民，使民有什伯之器（而，然）不用，使民重死而不远（迁，徙）。虽有舟舆，（无所，有所）乘之；虽有甲兵，无所（列，陈）之。使民（复，又）结绳而用（之，也）。甘其食，美其服，安其（屋，居），乐其俗。邻国（相，互）望，鸡犬之声相闻，民至老死不相（往来，来往）。

五、阅读下面的短文，并回答问题：

1. 郢人为什么在给燕相国的信里写上"举烛"两个字？

2. 燕相国接到信后是怎么说解这两个字的意思的？

3. 复述"郢书燕说"这个小故事，并弄清楚这个成语的意义和用法。

郢书燕说

《韩非子·外储说左上》

　　郢人有遗燕相国书者[1]，夜书[2]，火不明[3]，因谓持烛者曰[4]："举烛[5]！"而误书"举烛"[6]。"举烛"非书意也。燕相国受书而说之[7]，曰："举烛者，尚明也[8]；尚明也者[9]，举贤而任之[10]。"燕相白王[11]，王大悦[12]，国以治[13]。

注释

1. 郢：Yǐng，古地名，春秋战国时期楚国的国都。郢人：即楚国人。遗：wèi，给，送。燕：北方诸侯国名。相国：官名，又名"相邦""丞相"等，为百官之长。书：信，书信，名词。

2. 书：写，书写，动词。

3. 火：古文字写作 ，，火苗的形象，这里指烛火。明：古文字写作 ，，表示光明、明亮的意义。

4. 因：于是。

5. 举：举起，举高。

6. 误：错误，手误。

7. 受：古文字写作 ，表示授受的意思。受书：接到信。说：解释，解说。之：指代"举烛"这两个字。

8. 尚：崇尚，推崇。

9. 也者：语气词和助词连用，表示提顿，以待下文对所提示的对象进行解释，可以不翻译。

10. 举：推举，举荐，推荐。贤：有道德、有才能的人。任：任用，使用。

11. 白：用于下对上的告诉、陈述，可以翻译为"禀告""报告"。

12. 悦：高兴。

13. 以：凭借，依靠，因为。国以治：即"国以之治"，国家因此治理好了。

第六课

课文

齐桓公好服紫

《韩非子·外储说左上》

齐桓公好服紫[1]，一国尽服紫[2]。当是时也[3]，五素不得一紫[4]。桓公患之[5]，谓管仲曰[6]："寡人好服紫[7]，紫贵甚[8]，一国百姓好服紫不已[9]，寡人奈何[10]？"管仲曰："君欲止之[11]，何不试勿衣紫也[12]？谓左右曰[13]：'吾甚恶紫之臭[14]。'于是左右适有衣紫而进者[15]，公必曰：'少却[16]，吾恶紫臭。'"公曰："诺[17]。"于是日[18]，郎中莫衣紫[19]；其明日[20]，国中莫衣紫[21]；三日，境内莫衣紫[22]。

注释

1. 齐桓公：春秋时齐国国君，姓姜，名小白，春秋五霸之一。好：hào，喜好，喜欢。服：本来指衣服、服装，这里活用为动词，穿……衣服。紫：紫色，这里指代紫色的服装。

2. 一：整个，全部。国：古文字写作 ，，，本义为邦国，指都城，国都，也代指一个国家。尽：全，都。

3. 是：这，这个。当是时：在这个时候。

4. 素：没有染色的绢。五素：五匹没有染色的绢。不得：换不来。一紫：一匹紫色的绢。

5. 患：忧虑，担心。之：指"一国尽服紫""紫贵甚"这种流行风气。

6. 管仲：春秋初期政治家，字仲，名夷吾，齐桓公时为卿相，被尊为"仲父"，帮助齐桓公成就霸业。

7. 寡人：古时君王的谦称。

8. 贵：昂贵，价钱高。甚：很，非常。

9. 已：停止。好服紫不已：喜好穿紫色服装的风气流行，不能停下来。

    10. 奈何：如何，怎么办。

    11. 止：制止。之：指代百姓喜好穿紫色服装的风气。

    12. 何：为什么。试：尝试，试一试。勿：别，不要。

衣：yì，古文字写作 𧘇，𧝎，本来指衣服，这里活用为动词，穿……衣服。

    13. 左右：指君王周围的侍臣。

    14. 恶：wù，厌恶，讨厌，不喜欢。臭：xiù，古文字写作 𦥑，以犬、自（鼻）会意，指气味，该意义后来写作"嗅"。注意与现代汉语的"臭（chòu）"意义不同。

    15. 于：在。是：这，这时。于是：在这个时候。适：正好，刚好。进：前来拜见。

    16. 少：稍稍，稍微。却：退却，退后。

    17. 诺：应答的声音，表示同意，相当于现在说"好""好吧"。

    18. 于是日：在这一天。

    19. 郎中：即"廊中"，指宫中的院廊里，这里指代朝廷院廊中的官员、侍从，与下文中的"国中""境内"相呼应。莫：没有谁，没有人。

    20. 其明日：第二天。

    21. 国：这里指国都、首都。与现代汉语里的"国"意义不同。国中：国都里，都城里，这里指国都里的人。

    22. 境：国境，边境。境内：四境之内，即整个国家里边，这里指整个国家的百姓。

常用词与固定结构

谓……曰

    "谓"和"曰"都有"说"的意思，通常"谓"的后面常引介谈话的对象，而"曰"的后边才接谈话的内容。可译为"对……说""跟……说""告诉……说"等。
例如：

    桓公患之，谓管仲曰："寡人好服紫，紫贵甚。"

谓左右曰："吾甚恶紫之臭。"（《韩非子·外储说左上》）

楚王谓田鸠曰："墨子者，显学也。"

（《韩非子·外储说左上》）

因谓持烛者曰："举烛！"（《韩非子·外储说左上》）

瑜至，谓权曰："操虽托名汉相，其实汉贼也。"

（《资治通鉴·汉纪·建安十三年》）

奈何

动词性结构，多用作谓语，也作"奈……何"，可译为"怎么办""对……怎么办"等。

例如：

一国百姓好服紫不已，寡人奈何？

（《韩非子·外储说左上》）

市义奈何？　　　　　　　（《战国策·齐策四》）

王曰："取吾璧，不予我城，奈何？"

（《史记·廉颇蔺相如列传》）

钱粟已足，甲兵有余，吾奈无箭何？（《韩非子·十过》）

公叔之病甚矣，将奈社稷何？　（《吕氏春秋·长见》）

何（一）

疑问副词，用在句首，多表示反问或感叹的语气，句末常有"也"来搭配，可译为"为什么""怎么"等。

例如：

君欲止之，何不试勿衣紫也？

（《韩非子·外储说左上》）

责毕收乎？来何疾也？　　（《战国策·齐策四》）

何子求绝之速也？　　　　（《史记·管晏列传》）

何子居之高，视之下；仪貌之壮，语言之野也！

（《论衡·书虚》）

莫（一）

代词，可译作"没有人""没有谁""没有什么""没有什么地方"等。

例如：

于是日，郎中莫衣紫；其明日，国中莫衣紫；三日，境内莫衣紫。　　　　　　（《韩非子·外储说左上》）

民怪之，莫敢徙。　　　　　　（《史记·商君列传》）

在天者莫明于日月。　　　　　　（《荀子·天论》）

溥天之下，莫非王土。　　　　（《诗经·小雅·北山》）

基础语法

数量表示法（一）

在古代汉语中，数词可以直接置于被它所修饰的名词前，而不使用量词，这一点与现代汉语中数词与名词之间一定用量词不同。但是在我们将古文翻译成现代汉语时往往要补出相应的量词，这是一定要注意的。同时，在古代汉语中，"数量词组＋名词"形式的数量表示法也很常见，这种形式与现代汉语的数量表示法基本相同。

例如：

当是时也，五素不得一紫。（《韩非子·外储说左上》）

吾力足以举千钧，而不足以举一羽；明足以察秋毫之末，而不见舆薪。　　　　　　（《孟子·梁惠王上》）

蜀之鄙有二僧，其一贫，其一富。（《白鹤堂稿·为学》）

吾一瓶一钵足矣。　　　　　　（《白鹤堂稿·为学》）

有人于此，力不能胜一匹雏，则为无力人矣。

（《孟子·告子下》）

金重于羽者，岂谓一钩金与一舆羽之谓哉？

（《孟子·告子下》）

译文

齐桓公喜欢穿紫色的衣服，全国上下都流行穿紫色的衣服。在这个时候，五匹没有染色的绢换不到一匹紫色的绢。齐桓公为此很担忧，桓公对管仲说："我喜欢穿紫色的衣服，紫色的绢贵极了，全国百姓喜欢穿紫色衣服的风气流行不止，我该怎么办呢？"管仲回答说："您想制止这种风气的流行，为什么不试一试自己先不穿紫色的衣服呢？您可以告诉左右的臣仆说：'我非常讨厌紫色衣料的气味。'在这个时候如果正好有穿紫色衣服的臣仆来拜见，您一定要说：'稍稍退后一点儿，我讨厌紫色衣料的气味。'"齐桓公说："好吧。"在这一天，朝廷院廊中的官员、侍从就没有人穿紫色的衣服了；第二天，国都中的百姓就没有哪一个穿紫色的衣服了；第三天，全国人民就没有谁再穿紫色的衣服了。

练习

一、根据课文，回答问题：

1. 齐桓公忧虑什么？

2. 管仲给齐桓公出了个什么主意？

3. 齐桓公按照管仲的方法做了以后，效果如何？

4. 通过这个故事，我们得到了什么启示？

二、根据课文，选择括号中的词语填空：

齐桓公（好，喜）服紫，一国（皆，尽）服紫。当（此，是）时也，五素不得一紫。桓公（患，忧）之，谓管仲曰："寡人好（衣，服）紫，紫贵（甚，很），一国百姓好服紫不（己，已），寡人奈何？"管仲曰："君欲止之，何不试（勿，不）衣紫也？谓左右曰：'吾甚恶紫之臭。'于是左右（恰，适）有衣紫而进者，公必曰：'少（却，退），吾恶紫臭。'"公曰："诺。"

三、依据原文，排列句子顺序：

A. 境内莫衣紫

B. 其明日

C. 郎中莫衣紫

D. 于是日

E. 国中莫衣紫

F. 三日

正确的排列顺序是＿＿＿＿＿＿

四、翻译下列各句，并解释句子中加点词语的意义：

1. 当是时也，五素不得一紫。

2. 于是左右适有衣紫而进者。

3. 齐桓公好服紫，一国尽服紫。

4. 一国百姓好服紫不已，寡人奈何？

5. 少却，吾恶紫臭。

五、阅读下面的短文，并回答问题：

1. 楚灵王有什么喜好？

2. 为了迎合楚灵王，朝中的大臣都是怎么做的？产生了什么后果？

3. 同样是个人喜好，却有着不同的结果。结合课文和副课文，谈谈你的看法。

楚灵王好士细腰

《墨子·兼爱中》

昔者[1]，楚灵王好士细腰[2]。故灵王之臣[3]，皆以一饭为节[4]，胁息然后带[5]，扶墙然后起[6]。比期年[7]，朝有黧黑之色[8]。是其故何也[9]？君说之[10]，故臣能之也[11]。

注释

1. 昔者：过去的时候，以前的时候。
2. 楚灵王：楚国国君。好：hào，动词，喜欢，喜好。

3. 故：因此，所以。臣：古文字写作 𦥯，𦥑，臣，像俯首称臣时从侧面看眼睛竖起来的样子，代指大臣、臣子。
4. 皆：全，都。以……为……：把……当作……。一饭：一顿饭，这里指吃一顿饭。节：节制，限制。
5. 胁：xié，指从腋下到肋骨尽处的部分。胁息：敛缩气息，深吸一口气，屏住呼吸。带：古文字写作 帶，像衣带的样子，本义指衣带，这里活用为动词，指系上衣带。
6. 起：站起身，起身。
7. 比：等到，到了。期：jī。期年：一整年，一年。
8. 朝：cháo，朝廷，朝堂上。黧：lí，黑色。黑：古文

字写作 黑 , 黥 ，以火焰燃烧后的黑色灰烬示义。黧黑：同义词连用，指人的脸色黑，是不健康的脸色。色：脸色。

9. 是：代词，这样。其：它，指代这种现象。故：原因。何：什么，为什么。

10. 君：国君。说：yuè，喜欢，高兴。此意义后来写作"悦"。之：代词，这，这样。

11. 能：有……能力，可以做到。

第七课

课文

《论语》八则

学而时习之

《论语·学而》

子曰[1]："学而时习之[2]，不亦说乎[3]？有朋自远方来[4]，不亦乐乎？人不知而不愠[5]，不亦君子乎[6]？"

作品作者人物简介

《论语》：记录孔子及其弟子言行的一本语录体著作，由孔子的弟子编辑而成，是儒家学派的经典。该书共分二十篇，基本上反映了孔子的政治主张、教育原则、伦理观念、品德修养等方面的内容。

孔子像

孔子：名丘，字仲尼，春秋时鲁国陬邑（Zōuyì，今山东曲阜）人，是伟大的教育家、思想家，是儒家学派的创始人。他所倡导的儒家思想对后世中国文化以及世界文化的发展都产生了重大的影响。

注释

1. 子：古时对男子的尊称。这里指孔子。

2. 而：而且，并且。时：按时。习：古文字写作 ，，本义为鸟儿反复振翅学习飞翔，这里指复习、温习。

之：指代所学的内容。

3. 说：yuè，喜悦，高兴，此意义后来写作"悦"。不亦……乎：不是……吗？

4. 自：从。

5. 知：了解。而：可是，但是。愠：yùn，怨恨，发怒，生气。

6. 君子：名词，指道德高尚的人。这里名词活用为动词，是"符合君子的做法""称得上君子"的意思。

知之为知之

《论语·为政》

子曰："由[1]，诲女知之乎[2]？知之为知之[3]，不知为不知，是知也[4]。"

注释

1. 由：仲由，字子路，孔子的学生。

2. 诲：huì，教导，教诲。女：rǔ，第二人称代词，你，此意义后来写作"汝"。乎：吗。

3. 为：表判断，是，就是。

4. 是：这样，这。指代上文的"知之为知之，不知为不知"。"知"字有两种解释：一种解释认为应该读 zhī，是"知道"的意思；另一种解释认为应该读 zhì，"知"多则"智"，"聪明""智慧"的意思。

三人行必有我师

《论语·述而》

子曰："三人行[1]，必有我师焉[2]。择其善者而从之[3]，其不善者而改之[4]。"

注释

1. 三人：指几个人。古汉语中的"三"并非确定指三个。

2. 师：老师，这里指可以从他身上学到东西的人。焉：在他们之中。

3. 择：选择，选取。善者：优点，长处。从：古文字写作 𝌆，𗀁，本义为跟从、随从，这里指学习。

4. 改：改正，改进。

吾日三省吾身

《论语·学而》

曾子曰[1]："吾日三省吾身[2]：为人谋而不忠乎[3]？与朋友交而不信乎[4]？传不习乎[5]？"

注释

1. 曾子：名参，字子舆，孔子的学生。

2. 日：古文字写作 ⊖，☉，太阳的形象，这里表示每日、每天的意思。省：xǐng，古文字写作 𡴂，𠁥，𠁣，睁大眼睛仔细观察，这里指反省、检查。身：古文字写作 𠂩，𠂤，这里指自己、自身。

3. 为：wèi，替。谋：谋划，考虑。为人谋：替别人办事。忠：诚心诚意，尽心尽力。

4. 交：古文字写作 𡗉，𡙾，像人两腿相交叉，这里指交往、来往。信：诚信，守信。

5. 传：chuán，传授，这里指老师传授的知识，动词活用为名词。

君子食无求饱

《论语·学而》

子曰："君子食无求饱[1]，居无求安[2]，敏于事而慎于言³，就有道而正焉⁴，可谓好学也已⁵。"

注释

1. 无：通"毋"，不要。求：追求，过分讲究。
2. 安：过分的安逸、舒适。
3. 敏：敏捷，行事迅速不拖拉。于：对于，在……方面。慎：谨慎，小心。
4. 就：接近，靠近。有道：有道之人，即道德修养高的人。正：纠正，匡正，改正。
5. 谓：称为，叫作。也已："已"通"矣"，语气词连用，加强判断的语气。

贤哉，回也！

《论语·雍也》

子曰："贤哉，回也¹！一箪食²，一瓢饮³，在陋巷⁴，人不堪其忧⁵，回也不改其乐。贤哉，回也！"

注释

1. 贤：贤良，有德有才。回：颜回，字子渊，孔子的学生。回，古文字写作 ，像水回旋之形。渊，古文字写作 ，深水潭。

2. 箪：dān，古代盛饭的圆形竹器。食：古文字写作 ，食器里盛满了饭，指饭食。

3. 瓢：piáo，由葫芦中剖做成的舀具。饮：本义为喝，这里指喝的东西，动词活用为名词。

4. 陋：lòu，狭小，简陋。巷：街巷，街道。

5. 堪：kān，忍受，忍耐。忧：忧愁，忧烦。

子游问孝

《论语·为政》

子游问孝[1]。子曰:"今之孝者,是谓能养[2]。至于犬马[3],皆能有养[4]。不敬,何以别乎[5]?"

注释

1. 子游:姓言,名偃,字子游,孔子的学生。孝:古文字写作 ⿰, ⿰,为孩子扶助老人的形象,本义指对父母的赡养、照顾和顺从。

2. 养:供给食用,使能生活下去,即养活。

3. 至于:谈到,讲到。

4. 皆:全,都。

5. 别:区别,分别。何以别乎:用什么来区别呢?怎么来区别呢?

饭疏食饮水

《论语·述而》

子曰:"饭疏食饮水[1],曲肱而枕之[2],乐亦在其中矣。不义而富且贵[3],于我如浮云[4]。"

注释

1. 饭:吃,吃饭,这里是动词。疏食:粗粮,粗茶淡饭。饮水:喝凉水。古代"汤"与"水"对称,"汤"指热水、开水,"水"则指凉水、冷水。

2. 曲:qū,弯曲。肱:gōng,手臂自肘到肩的部分,即上臂,这里泛指手臂。枕:zhěn,枕着,动词。

3. 且:而且,并且。

4. 于:对于。云:古文字写作 ⿰, ⿰, ⿰,像天上云朵之形。浮云:漂浮在天空中的云,易逝易散,不安稳。

常用词与固定结构

乎 (一)

语气词，用在句末，表示疑问或反问，可译为"吗"或"呢"。

例如：

由，诲女知之乎？   （《论语·为政》）

为人谋而不忠乎？与朋友交而不信乎？传不习乎？

（《论语·学而》）

不敬，何以别乎？   （《论语·为政》）

王侯将相宁有种乎？   （《史记·陈涉世家》）

不亦……乎

古汉语中常用的固定结构，是用反问的形式表示肯定的意义，其中"亦"的意义虚泛，可不译出。"不亦……乎？"可译为"不是……吗？"

例如：

学而时习之，不亦说乎？   （《论语·学而》）

有朋自远方来，不亦乐乎？   （《论语·学而》）

人不知而不愠，不亦君子乎？   （《论语·学而》）

阻而鼓之，不亦可乎？   （《左传·僖公二十二年》）

舟已行矣，而剑不行，求剑若此，不亦惑乎？

（《吕氏春秋·察今》）

哉

语气词，表示感叹，可译为"啊"。

例如：

贤哉，回也！   （《论语·雍也》）

善哉，吾请无攻宋矣！   （《墨子·公输》）

美乎哉，山河之固！此魏国之宝也！

（《史记·孙子吴起列传》）

郁郁乎文哉！   （《论语·八佾》）

嗟乎，燕雀安知鸿鹄之志哉！　　（《史记·陈涉世家》）

基础语法

数量表示法 (二)

在古代汉语中，数词或数量词组与被它所修饰的名词在位置上共有两种形式：一种形式是数词或数量词组置于所修饰名词的前边，构成"数词＋名词"或者是"数量词组＋名词"的格式。另外一种形式就是数词或数量词组置于所修饰名词的后边，而且时代越早，这种形式出现得越多，其格式一般为："名词＋数词"或者是"名词＋数量词组"。在我们将古文翻译成现代汉语时，需要补出相应的量词或是将数词或数量词组按照现代汉语的习惯放到名词之前。

例如：

今齐地方千里，百二十城。　　（《战国策·齐策一》）

一屠晚归，担中肉尽，止有剩骨。途中两狼，缀行甚远。

（《聊斋志异·狼三则》）

一狼得骨止，一狼仍从。　　（《聊斋志异·狼三则》）

一箪食，一瓢饮，在陋巷，人不堪其忧，回也不改其乐。

（《论语·雍也》）

与之一箪珠。　　（《左传·哀公二十年》）

吏二缚一人诣王。　　（《晏子春秋·内篇杂下》）

舜有大功二十而为天子。　　（《左传·文公十八年》）

黑貂之裘弊，黄金百斤尽。　　（《战国策·秦策一》）

孟尝君予车五十乘，金五百斤，西游于梁。

（《战国策·齐策四》）

遣太傅赍黄金千斤，文车二驷，服剑一。

（《战国策·齐策四》）

词类活用 (二)

动词活用为名词

前文讲过古汉语中名词活用为动词的情况，相反的情况在古代汉语中也是很常见的，那就是动词活用为名词。

例如:

一箪食,一瓢饮,在陋巷,人不堪其忧,回也不改其乐。

(《论语·雍也》)

为人谋而不忠乎?与朋友交而不信乎?传不习乎?

(《论语·学而》)

一屠晚归,担中肉尽,止有剩骨。

(《聊斋志异·狼三则》)

卒相与欢,为刎颈之交。(《史记·廉颇蔺相如列传》)

殚其地之出,竭其庐之入。(《河东先生集·捕蛇者说》)

译文

孔子说:"学习并且按时温习学过的知识,不是一件快乐的事吗?有朋友从远方来拜访你,不是一件让人高兴的事吗?别人不理解我,我却不怨恨,不是符合君子的做法吗?"

孔子说:"仲由,教给你的东西你都了解了吗?了解了就是了解了,不了解就是不了解,这才是明智的态度。"

孔子说:"几个人在一起,其中必定有我可以向他学习的人。我选择那些优点向他们学习,看出那些缺点并避免它们出现在我自己的身上。"

曾子说:"我每天多次反省我自己:替人做事却不尽心尽力吗?和朋友交往却不诚实守信吗?老师传授的知识没有温习吗?"

孔子说:"君子吃饭不要求过分饱足,居住不要求过分安适,对于工作勤快不拖拉,说话却要谨慎小心,接近有德之人来匡正自己的错误,这就可以称作好学了。"

孔子说:"有修养啊,颜回!一小竹筐饭,一瓢喝的水,住在简陋的小街巷里,别人都忍受不了那穷苦的烦忧,颜回却能不改变他自有的快乐。有修养啊,颜回!"

子游向孔子问孝道。孔子说："现在所谓的孝，就是指能养活父母就够了。对狗、对马我们都能养活、照顾，如果不是心存敬意地孝敬父母，那赡养父母和饲养狗马又怎么来区分呢？"

孔子说："吃粗食，喝凉水，弯曲手臂枕在上面，这样的生活也是很有乐趣的。做不义的事情谋求来的富贵，在我看来就像是漂浮在空中的云一样。"

练习

一、根据课文，回答问题：

1. 孔子认为，我们对待"知"与"不知"应该采取什么样的正确态度？你以前是这样做的吗？

2. 曾子说："吾日三省吾身。"曾子每天都反省自己什么？

3. 跟别人在一起的时候，对待别人的优点和缺点，孔子认为应该采取什么态度？

二、给下列各句中加点的词标注正确的读音：

1. 子曰："学而时习之，不亦说（　　）乎？有朋自远方来，不亦乐（　　）乎？人不知而不愠（　　），不亦君子乎？"

2. 由，诲（　　）女（　　）知之乎？

3. 知之为知（　　）之，不知为不知，是知（　　）也。

4. 曾子曰："吾日三省（　　）吾身：为人谋而不忠乎？与朋友交而不信乎？传（　　）不习乎？"

5. 三人行（　　），必有我师焉。

三、依据原文，排列句子顺序：

A. 人不知而不愠

B. 不亦乐乎

C. 学而时习之

D. 有朋自远方来

E. 不亦说乎

F. 不亦君子乎

正确的句子顺序是＿＿＿＿＿＿＿＿

四、翻译下列各句，并解释加点词语的意思：

1. 学而时习之，不亦说乎？

2. 由，诲女知之乎？

3. 三人行，必有我师焉。

4. 吾日三省吾身。

5. 敏于事而慎于言。

6. 贤哉，回也！

7. 不敬，何以别乎？

8. 饭疏食饮水，曲肱而枕之，乐亦在其中矣。

五、阅读下面的短文，并回答问题：

1. 景公为什么"欲更晏子之宅"？
2. 晏子为什么不想换住的地方？
3. 通过这件事，景公在治国方面有了什么改变？

晏子之宅近市

《左传·昭公三年》

初[1]，景公欲更晏子之宅[2]，曰："子之宅近市[3]，湫隘嚣尘[4]，不可以居，请更诸爽垲者[5]。"辞曰[6]："君之先臣容焉[7]，臣不足以嗣之[8]，于臣侈矣[9]。且小人近市[10]，朝夕得所求[11]，小人之利也[12]，敢烦里旅[13]？"公笑曰："子近市，识贵贱乎[14]？"对曰："既利之[15]，敢不识乎[16]？"公曰："何贵[17]？何贱？"于是景公繁于刑[18]，有鬻踊者[19]。故对曰[20]："踊贵，屦贱[21]。"……景公为是省于刑[22]。

注释

1. 初：古文字写作 𥝌，𥝌，开始，当初，起初。

2. 景公：齐景公，春秋时齐国的国君。欲：想要，打算。更：gēng，更换，改换，动词。宅：zhái，宅院，即住所，住处。

3. 近：靠近，挨着。市：集市，市场。

4. 湫：jiǎo，低洼。隘：ài，狭窄。嚣：xiāo，喧闹，吵闹。尘：chén，本义为尘土，这里指尘土飞扬。

5. 爽：shuǎng，清爽，明亮。垲：kǎi，地势高而且干燥。者：……的地方。

6. 辞：推辞，婉拒。

7. 君之先臣：字面的意思是"您原来的臣子"，这里指晏子的先人，晏子的祖辈、父辈。容：容身，这里指居住。焉：于是，于此，在这个地方。

8. 足以：足够来。嗣：sì，继承。之：指代晏子之宅。

9. 于：对于，对……来说。侈：chǐ，奢侈，过分，过度。

10. 且：何况，况且。小人：指称自身，表谦敬。

11. 所求：需要的东西。

12. 利：方便，便利，有利。

13. 敢：岂敢，怎么敢，表谦敬。烦：麻烦。里旅：管理卿大夫家宅的官员。文章本是晏子和齐景公的问答，晏子不直接称景公本人，而称景公的下臣，是对景公表示尊敬，这是古人常用的一种辞令。

14. 识：了解，知道。乎：疑问语气词，可译为"吗"。

15. 利：利益，好处，与"弊"或"害"相对。利之：以之为利，认为它可以带来好处，意动用法。既利之：既然认为靠近市场有好处。

16. 敢不识乎：怎么敢不了解呢？

17. 何：疑问代词，什么。

18. 于是：在这个时候。繁：多，滥。繁于刑：过度使用刑罚。

19. 鬻：yù，卖。踊：yǒng，古代受过刖刑的人所用的假肢。

20. 故：因此，所以。

21. 屦：jù，麻鞋。

22. 为是：为此，因此，因为这件事。省：shěng，减省，减少，减轻。省于刑：减省了刑罚，减轻了刑罚。

第八课

课文

明察秋毫

《孟子·梁惠王上》

（孟子）曰："有复于王者曰[1]：'吾力足以举千钧[2]，而不足以举一羽[3]；明足以察秋毫之末[4]，而不见舆薪[5]。'则王许之乎[6]？"

曰："否[7]。"

"今恩足以及禽兽[8]，而功不至于百姓者[9]，独何与[10]？然则一羽之不举[11]，为不用力焉[12]；舆薪之不见，为不用明焉；百姓之不见保[13]，为不用恩焉。故王之不王[14]，不为也[15]，非不能也。"

曰："不为者与不能者之形[16]，何以异[17]？"

曰："挟太山以超北海[18]，语人曰[19]：'我不能。'是诚不能也[20]。为长者折枝[21]，语人曰：'我不能。'是不为也，非不能也。故王之不王，非挟太山以超北海之类也[22]；王之不王，是折枝之类也。老吾老[23]，以及人之老[24]；幼吾幼[25]，以及人之幼。天下可运于掌[26]。"

作品作者人物简介

《孟子》：儒家经典之一。书中记载了孟子的政治活动、政治学说以及教育思想等内容。南宋朱熹把它与《论语》《大学》《中庸》合在一起，总称"四书"。

孟子：名轲，字子舆，鲁国邹人，战国时期思想家、政治家、教育家，受业于孔子之孙子思的门人。他承继并发展了孔子的思想体系，是儒家学派的代表人物，有"亚圣"之称。

孟子像

注释

1. 复：答复，回复，回答。于：向。

2. 足以：足够用来。钧：jūn，重量单位，古代三十斤为一钧。

3. 羽：古文字写作 ，像羽毛的形状。一羽：一片羽毛。

4. 明：指视力。察：看清楚。秋毫：秋天鸟兽身上的细毛。末：古文字写作 ，木上加一点儿指示树梢的位置，本义指树梢，这里指顶端、尖儿。秋毫之末：秋天鸟兽身上细毛的尖儿，指极细小的东西。

5. 舆：车。薪：柴草。舆薪：一车柴草。

6. 则：那么。许：赞许，赞同，同意。

7. 否：否定的应答，可译为"不然""不"。

8. 恩：恩惠，好处。及：古文字写作 ，一只手抓到一个人，表示"赶上""达到"的意思。

9. 功：与上文的"恩"相对应，指恩德、功德。者：……的原因。

10. 独：单单，偏偏。与：句末语气词，表疑问，后多写作"欤"。独何与：偏偏为什么呢？

11. 然则：既然如此，那么……。

12. 为：表判断的动词，可译为"是""当成""算作"。

13. 见：表示被动，可译为"被"。见保：被保护。

14. 王：第一个"王"读 wáng，名词，古文字写作 ，斧钺之形，象征至高无上的权力，后来用它来指代君主、君王；第二个"王"读 wàng，名词活用为动词，称王，做王。

15. 为：wéi，古文字写作 ，以手牵象劳作之形，这里是"做"的意思，动词。

16. 形：表现。

17. 异：分别，区别。何以异：靠什么来区别呢？怎么来区别呢？

18. 挟：xié，用胳膊夹住，夹着。太山：即泰山。超：跳过。北海：海的名称，即现在的渤海。

19. 语：yù，告诉。

20. 诚：真的，确实。

21. 为：wèi，替。长：zhǎng，古文字写作 𦫵 𦣻，像人长发。长者：年长的人，老人。折枝：有不同的理解，一说折取树枝；一说弯腰行礼，"枝"通"肢"。我们取前一说法。

22. 类：类别，种类。

23. 老：古文字写作 𠄌 𦒍，像老人拄杖而行。前一个"老"为"以……为老"的意思，意动用法，可译为"把……当作老人（敬爱）"。后面的两个"老"为形容词活用为名词，是"老人"的意思。

24. 以：把。及：推广，达到。

25. 幼：与上文"老"的用法相同。第一个"幼"为"以……为幼"的意思，意动用法，可译为"把……当作孩子（爱护）"。后面的两个"幼"为形容词活用为名词，是"孩子"的意思。

26. 运：运转，转动。掌：手掌。

常用词与固定结构

则

1. 连词，表示顺承的关系，可译为"就""那么"等。例如：

则王许之乎？　　　　　　　　（《孟子·梁惠王上》）

四境之内不治，则如之何？　　（《孟子·梁惠王下》）

吾非至于子之门，则殆矣。　　（《庄子·秋水》）

学而不思则罔，思而不学则殆。（《论语·为政》）

居安思危，思则有备，有备无患。（《左传·襄公十一年》）

2. 连词，表示转折的关系，可译为"可是""却"等。

例如：

比其反也，则冻馁其妻子。　　（《孟子·梁惠王下》）

至则无可用，放之山下。　　（《河东先生集·黔之驴》）

欲速则不达。　　　　　　　　（《论语·子路》）

使子路反见之，至则行矣。　　（《论语·微子》）

然则

"然"与"则"构成"然则"结构，表示承接上文来推理，可译为"如此就……""既然这样，那么……""那么"等。

例如：

然则一羽之不举，为不用力焉。（《孟子·梁惠王上》）

王曰："然则子何为使乎？"（《晏子春秋·内篇杂下》）

乌有先生问曰："今日田，乐乎？"子虚曰："乐。""获多乎？"曰："少。""然则何乐？"（《史记·司马相如列传》）

曰："子之师谁邪？"子方曰："东郭顺子。"文侯曰："然则夫子何故未尝称之？"　　　　　（《庄子·田子方》）

与

1. 连词，连接并列关系的词、词组、短语等，可译为"和"。

例如：

不为者与不能者之形，何以异？（《孟子·梁惠王上》）

知可以战与不可以战者，胜。　　（《孙子兵法·谋攻》）

蜩与学鸠笑之。　　　　　　　　（《庄子·逍遥游》）

2. 语气词，用在句末，表疑问或感叹，可译为"呢""吧""啊"等。后来多写作"欤"。

例如：

今恩足以及禽兽，而功不至于百姓者，独何与？

（《孟子·梁惠王上》）

为是其智弗若与？　　　　　　（《孟子·告子上》）

64

管仲非仁者与？ （《论语·宪问》）

其是吾弟与？ （《史记·刺客列传》）

子在陈，曰："归与！归与！" （《论语·公冶长》）

足以/不足以

"足以"用在动词前，表示对事物的价值作出肯定的判断，否定的判断则用"不足以"或"不足"。肯定的判断可译为"足够用来……"，否定的判断可译为"不够……""不值得……"等。

例如：

吾力足以举千钧，而不足以举一羽；明足以察秋毫之末，而不见舆薪。 （《孟子·梁惠王上》）

今恩足以及禽兽，而功不至于百姓者，独何与？

（《孟子·梁惠王上》）

齐之清济浊河，足以为限；长城巨防，足以为塞。

（《韩非子·初见秦》）

此中人语云："不足为外人道也。"

（《陶渊明集·桃花源记》）

自上观之，至于子胥、比干，皆不足贵也。

（《庄子·盗跖》）

基础语法

宾语前置句 (一)

疑问句中，疑问代词作动词、介词的宾语，往往置于动词和介词之前。

例如：

不为者与不能者之形，何以异？ （《孟子·梁惠王上》）

不敬，何以别乎？ （《论语·为政》）

水奚自至？ （《吕氏春秋·贵直》）

吾何执？执御乎？执射乎？ （《论语·子罕》）

臣实不才，又谁敢怨？ （《左传·成公三年》）

吾欲之南海，何如？　　　　　　（《白鹤堂稿·为学》）

判断句 (二)

在古代汉语中，表示判断也可以使用动词"为"，系动词"是"。

例如：

然则一羽之不举，为不用力焉；舆薪之不见，为不用明焉；百姓之不见保，为不用恩焉。　（《孟子·梁惠王上》）

知之为知之，不知为不知，是知也。（《论语·为政》）

必为有窃疾矣。　　　　　　　　（《墨子·公输》）

故王之不王，非挟太山以超北海之类也；王之不王，是折枝之类也。　　　　　　　　（《孟子·梁惠王上》）

余是所嫁妇人之父也。　　　　　（《论衡·死伪》）

被动句 (一)

见……/见……于……

句子的主语所表示的人或事物是谓语动词所表示的行为动作的受动者，这样的句式我们称为被动句。在古汉语中，被动的表现形式有很多种，像下面这种形式的被动句式，就是古汉语中比较常见的：

受动者＋见＋谓语动词＋于＋施动者

这种被动句式，主语是受动者，其特点是在动词谓语前加上助动词"见"。如果介引出动作行为的施动者，则要在动词谓语后加上介词"于"。

例如：

百姓之不见保，为不用恩焉。　（《孟子·梁惠王上》）

盆成括见杀。　　　　　　　　　（《孟子·尽心下》）

信而见疑，忠而被谤，能无怨乎？

（《史记·屈原贾生列传》）

吾长见笑于大方之家。　　　　（《庄子·秋水》）

且夫臣人与见臣于人，制人与见制于人，岂可同日道哉！

（《史记·李斯列传》）

臣诚恐见欺于王而负赵。（《史记·廉颇蔺相如列传》）

译文

孟子说："假如有一个人回答您说：'我的力量足够举起千钧的重量，却拿不起一片羽毛；我的视力足可以看清楚秋天鸟兽那细细的毛尖儿，却看不见一车的柴草。'您肯相信他说的话吗？"

宣王说："不相信。"

孟子接着说："如今您的恩泽足以到达禽兽身上，却不能推广到老百姓身上。这单单又是为什么呢？这样看来，一片羽毛拿不起来，是不肯用力气去拿；一车柴草看不见，是不肯用视力去看；老百姓不能被保护，是不肯对他们施加恩义。所以大王您没能成为使天下人归顺的王，是您不肯去做，而不是您不能做到。"

宣王说："不肯去做和不能做到这二者的表现，怎么来区别呢？"

孟子说："把泰山夹在胳膊底下跳过北海，告诉别人说：'我不能做到。'这是真的不能做到。替老人折取树枝，告诉别人说：'我不能做到。'这是不去做，不是没能力做。所以，大王您没能成为使天下人归顺的王，不属于夹着泰山跳过北海这一类；大王您没能成为使天下人归顺的王，是属于替老人折取树枝的一类。敬爱自家的老人，并把这种爱推广到别人家的老人身上；爱护自家的孩子，并把这种爱推广到别人家的孩子身上。做到了这一点，天下就可以像在手心里转动东西那样容易控制了。"

练习

一、根据课文，回答问题：

1. 孟子在文章中重点讨论了"不能"与"不为"的问题。他认为"一羽之不举""舆薪之不见"和"百姓之不见保"应该属于"不能"还是"不为"？

2. "不能"与"不为"的区别是什么？请你举例说明一下。

二、给下面的短文加上标点符号，并翻译下划线的语句：

日 <u>挟 太 山 以 超 北 海 语 人 日 我 不 能 是 诚 不 能 也</u> 为 长 者 折 枝 语 人 日 我

67

不 能 是 不 为 也 非 不 能 也 <u>故 王 之 不 王</u>
<u>非 挟 太 山 以 超 北 海 之 类 也</u> 王 之 不 王
<u>是 折 枝 之 类 也</u> <u>老 吾 老 以 及 人 之 老 幼</u>
<u>吾 幼 以 及 人 之 幼</u> 天 下 可 运 于 掌

三、解释下列各句中加点词语的意义：

1. 明足以察秋毫之末，而不见舆薪，则王许之乎？

2. 今恩足以及禽兽，而功不至于百姓者，独何与？

3. 百姓之不见保，为不用恩焉。

4. 挟太山以超北海，语人曰："我不能。"是诚不能也。

四、翻译下列各句，并指出下划线部分词语的意义和用法：

1. 百姓之<u>不见保</u>，为不用恩焉。

2. 故王之<u>不王</u>，不为也，非不能也。

3. 不为者与不能者之形，<u>何以异</u>？

4. <u>老吾老</u>，以及人之<u>老</u>；<u>幼吾幼</u>，以及人之<u>幼</u>。

5. 吾长<u>见</u>笑于大方之家。

五、阅读下面的短文，并回答问题：

1. "顾左右而言他"是什么意思？

2. 齐宣王为什么要"顾左右而言他"？

3. 成语"顾左右而言他"通常在什么情况下使用？请举例说明。

王顾左右而言他

《孟子·梁惠王下》

孟子谓齐宣王曰[1]："王之臣有托其妻子于其友而之楚游者[2]。比其反也[3]，则冻馁其妻子[4]，则如之何[5]？"王曰："弃之[6]。"曰："士师不能治士[7]，则如之何？"曰："已之[8]。"曰："四境之内不治[9]，则如之何？"王顾左右而言他[10]。

注释

1. 齐宣王：战国时齐国的国君。

2. 托：托付，委托别人来照顾。妻：古文字写作 🖼，🖼，手抓女人示义，抢女人做妻子，掠夺婚的真实再现。妻子：妻子和孩子，与现代汉语"妻子"的读音和用法不同。之：动词，去，到……去。游：游历，游学。

3. 比：bǐ，到，等到。反：回来，返回，此意义后来写作"返"。

4. 则：却，可是。冻：穿不暖，受冻，挨冻。馁：něi，吃不饱，挨饿。

5. 则：那么，就。如……何：对……怎么办？之：代词，指代上文提到的"冻馁其妻子"这种情况。如之何：对这种情况怎么办呢？怎么处理这种情况呢？

6. 弃：古文字写作 🖼，本义为舍弃、抛弃。这里指与朋友断交、绝交、断绝来往。

7. 士师：掌管刑罚的官，即司法官。治：管理。士：指做官的人。

8. 已：yǐ，停止，动词，这里指停止工作，撤职。

9. 四境之内：指全国，整个国家。治：治理得好，天下太平。古汉语中，"治"与"乱"相对称。文中的"不治"就是指国家治理得不好，国家不太平。

10. 顾：回头看，环顾四周。言：古文字写作 🖼，🖼，说，谈论。他：别的话题，其他的内容。王顾左右而言他：齐宣王看看左右，开始谈论其他的话题。

第九课

课文

烛之武退秦师

《左传·僖公三十年》

晋侯、秦伯围郑[1]，以其无礼于晋且贰于楚也[2]。晋军函陵，秦军氾南[3]。佚之狐言于郑伯曰[4]："国危矣！若使烛之武见秦君[5]，师必退。"公从之[6]。辞曰[7]："臣之壮也，犹不如人[8]；今老矣，无能为也已[9]。"公曰："吾不能早用子[10]，今急而求子，是寡人之过也[11]。然郑亡[12]，子亦有不利焉！"许之[13]。

夜缒而出[14]。见秦伯，曰："秦晋围郑，郑既知亡矣[15]。若亡郑而有益于君，敢以烦执事[16]？越国以鄙远[17]，君知其难也，焉用亡郑以陪邻[18]？邻之厚，君之薄也[19]。若舍郑以为东道主[20]，行李之往来[21]，共其乏困[22]，君亦无所害。且君尝为晋君赐矣[23]，许君焦、瑕[24]，朝济而夕设版焉[25]，君之所知也。夫晋何厌之有[26]？既东封郑[27]，又欲肆其西封[28]，若不阙秦[29]，将焉取之[30]？阙秦以利晋[31]，唯君图之[32]！"

秦伯说，与郑人盟[33]。使杞子、逢孙、杨孙戍之[34]，乃还[35]。

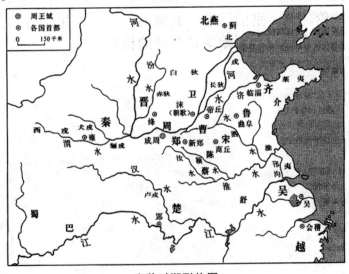

春秋时期形势图

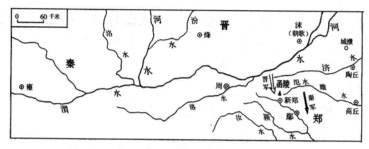

秦晋围郑示意图

作品作者人物简介

《左传》：又称《春秋左氏传》或《左氏春秋》，和孔子所编的编年史《春秋》有密切的关系，是中国第一部叙事详细完整的历史著作，相传为鲁国史官左丘明所编著。该书文字优美，史料丰富，具有史学、文学双重价值。

左丘明像

注释

1. 晋侯：晋文公，名重耳，春秋五霸之一。秦伯：秦穆公，名任好，春秋五霸之一。郑：春秋时的诸侯国，建都新郑（今属河南）。

2. 以：因为，由于。其：它，指代郑国。于：对。且：同时，并且。贰：不专一，不专心。贰于楚：对楚国分心，指不一心一意地倾向晋国而分心亲近楚国。

3. 军：古文字写作 𝌀，𝌀，𝌀，围战车做壁垒，本义指军队，这里名词活用为动词，指驻军，屯军。函陵：古地名，今河南新郑县北。氾：Fán，古河名。氾南：氾水的南岸。

4. 佚之狐：Yì Zhīhú，郑国的大夫。郑伯：指郑文公。

5. 若：如果，假如。烛之武：Zhú Zhīwǔ，郑国的圉（yǔ）正，善养马，怀才不遇。

6. 公：指郑文公。从：听从。

7. 辞：推辞，婉拒。

8. 犹：还，尚且。

9. 无能为：没有什么能做，不能做什么。也已：语气词连用，表判断。已：相当于"矣"，可译为"了"。

10. 用：任用，重用。

11. 过：过错，过失。

12. 然：转折连词，然而，可是。

13. 许：答应，应许。

14. 缒：zhuì，用绳子系着人或物由高处送下来，这里指用绳子把烛之武从城墙上放下来。

15. 既：古文字写作 ，已经，已然。

16. 敢：表谦敬，可译为"怎么敢""哪里敢"。烦：麻烦。执事：办事的人。敢以烦执事：怎么敢拿这件事来麻烦您手下办事的人呢？对话中不直接称秦穆公而以秦穆公手下办事的人替代，表示对秦穆公的尊敬，是一种外交辞令。

17. 越：跨越，越过。以：来。鄙：bǐ，边疆，边远的地方。这里指"作边疆"，名词活用作动词。鄙远：把很远的地方作为边疆。根据地理位置，当时秦西郑东，晋处两国之间，故有此说。

18. 焉：怎么，哪里。陪：增加土地。陪邻：增加邻国的土地。

19. 厚：实力雄厚。薄：与"厚"相对称，势力单薄，实力薄弱。

20. 东道主：东方道路上的主人，因郑处秦东，故有此说。后来就用"东道主"指称主人。东道主，也简称"东道"。

21. 李：通"吏"。行李：即行吏，指使者、使节。

22. 共：gōng，供给，供应。此意义后来写作"供"。乏困：本来行而无资为乏，居而无食曰困，这里指使者往来时吃住供应的不足。

23. 尝：曾经。为：wéi，给予。赐：恩惠，好处。为晋君赐：给晋君好处，这里指秦国保晋文公的弟弟晋惠公回国承继王位。

24. 许：答应给。焦、瑕：晋国的两个地方，今河南陕县附近。

25. 朝：zhāo，古文字写作 ，太阳从水边冉冉升起，指早上，与"夕"相对称。"夕"，xī,古文字写作 ⟨figure⟩，半月在空中，指傍晚。这里"朝""夕"并非确指，只是说明两件事发生的时间很接近。济：渡河。版：打土墙用的夹版。设版：指版筑土墙，即修建防御工事。

26. 厌：满足。夫晋何厌之有：晋国有什么满足呢？反问语气，指晋国没有满足。

27. 封：古文字写作 ⟨figure⟩，种植树木以划定边界，本指边境、边界。这里名词活用为动词，把……做边界。东封郑：把郑国作为东面的边境。

28. 肆：sì，扩张，扩大。

29. 阙：quē，损害，损坏。

30. 将：将要。焉：从哪里，从什么地方。

31. 阙秦以利晋：损害秦国的利益而对晋国有好处。

32. 唯：句首语气词，表示希望。图：考虑，谋划。唯君图之：恳请您仔细、慎重地考虑这件事。

33. 盟：古文字写作 ⟨figure⟩，盘中盛牛耳，歃血为誓，表示结成联盟、订立盟约的意思。

34. 戍：shù，古文字写作 ⟨figure⟩，兵士携带武器，表示守卫、保卫的意思。

35. 乃：就，于是就。还：huán，返回，回去。

常用词与固定结构

之（三）

助词，用在动词和它的宾语之间，复指前置的宾语，以达到强调的目的，一般不用翻译。
例如：

晋何厌之有？ （《左传·僖公三十年》）

宋何罪之有？ （《墨子·公输》）

谚所谓"辅车相依，唇亡齿寒"者，其虞、虢之谓也！

（《左传·僖公五年》）

野语有之曰："闻道百，以为莫己若"者，我之谓也。

（《庄子·秋水》）

且

1. 连词，既可以连接词与词，也可以连接句与句。所连接的前后两项可以是并列、递进、选择等关系。可根据具体的上下文翻译为"一边……一边……""又……又……"；"况且""而且"；"还是""或者"等。

例如：

晋侯、秦伯围郑，以其无礼于晋且贰于楚也。

（《左传·僖公三十年》）

若舍郑以为东道主，行李之往来，共其乏困，君亦无所害。且君尝为晋君赐矣，许君焦、瑕，朝济而夕设版焉，君之所知也。 （《左传·僖公三十年》）

王以天下为尊秦乎？且尊齐乎？（《战国策·齐策四》）

且庸人尚羞之，况于将相乎？

（《史记·廉颇蔺相如列传》）

外犬见而喜且怒，共杀食之，狼藉道上。

（《河东先生集·临江之麋》）

不义而富且贵，于我如浮云。 （《论语·述而》）

2. 副词，表示动作行为的时间或状态，可译为"将""将要""暂且""姑且"等。

例如：

虎大骇，远遁，以为且噬己也，甚恐。

（《河东先生集·黔之驴》）

父且死时，属我贫困往见优孟。（《史记·滑稽列传》）

民劳，未可，且待之。 （《史记·伍子胥列传》）

先生且休矣，吾将念之。 （《史记·淮阴侯列传》）

若

连词，表示假设的关系，常用在前一分句的句首，可译为"如果""假如"等。

例如：

若使烛之武见秦君，师必退。　（《左传·僖公三十年》）

若舍郑以为东道主，行李之往来，共其乏困，君亦无所害。　　　　　　　　　　　（《左传·僖公三十年》）

若亡郑而有益于君，敢以烦执事？

　　　　　　　　　　　　（《左传·僖公三十年》）

若不阙秦，将焉取之？　　（《左传·僖公三十年》）

以 （二）

　　1. 连词，连接词与词、词组与词组、句与句，用法跟"而"相近，表示动作行为的目的，可译为"来""为了"等。例如：

焉用亡郑以陪邻？　　　　（《左传·僖公三十年》）

劳师以袭远，非所闻也。　（《左传·僖公三十二年》）

属予作文以记之。　　　　　　　　（《岳阳楼记》）

　　2. 连词，表示动作行为的并列关系，可直接译为"而"。例如：

越国以鄙远，君知其难也。　（《左传·僖公三十年》）

阙秦以利晋，唯君图之！　（《左传·僖公三十年》）

虏魏太子申以归。　　　（《史记·孙子吴起列传》）

焉 （二）

　　1. 疑问副词，表示反问，可译为"何必""怎么""哪里"等。例如：

焉用亡郑以陪邻？　　　　（《左传·僖公三十年》）

割鸡焉用牛刀？　　　　　　（《论语·阳货》）

吴人焉敢攻吾邑？　　　　（《吕氏春秋·察微》）

　　2. 疑问代词，用在动词前，指代处所，可译为"（从）哪里""（在）哪里"等。例如：

若不阙秦，将焉取之？　　（《左传·僖公三十年》）

且焉置土石？　　　　　　　（《列子·汤问》）

不入虎穴，焉得虎子？ （《后汉书·班超传》）

基础语法

兼语句

古汉语中的兼语句在句子结构上基本和现代汉语的兼语句一致，都是"前谓语动词＋兼语＋后谓语动词"的结构，兼语既是前谓语动词的宾语，同时又是后谓语动词的主语，一身兼二任，故称兼语。而含有兼语成分的句子，我们也就称之为"兼语句"。

例如：

若使烛之武见秦君，师必退。 （《左传·僖公三十年》）

使杞子、逢孙、杨孙戍之，乃还。（《左传·僖公三十年》）

厉王使玉人相之。 （《韩非子·和氏》）

王闻之，使人问其故。 （《韩非子·和氏》）

而民悦之，使王天下，号之曰有巢氏。（《韩非子·五蠹》）

宾语前置句 （二）

在古代汉语中，为了强调宾语部分，有时会将它提到动词或介词前，并在其后加"之"或"是"复指。有时还可以在宾语之前加"唯"或"惟"，构成"唯（惟）……之（是）……"的格式。

例如：

夫晋何厌之有？ （《左传·僖公三十年》）

宋何罪之有？ （《墨子·公输》）

谚所谓"辅车相依，唇亡齿寒"者，其虞、虢之谓也？

（《左传·僖公五年》）

前事之不忘，后事之师。 （《战国策·赵策》）

将虢是灭，何爱于虞？ （《左传·僖公五年》）

其一人专心致志，惟弈秋之为听。（《孟子·告子上》）

当臣之临河持竿，心无杂虑，唯鱼之念。

（《列子·汤问》）

鸡鸣而驾，塞井夷灶，惟余马首是瞻。

（《左传·襄公十四年》）

小国将君是望，敢不唯命是听！

（《左传·襄公二十八年》）

使动用法 (二)
动词的使动用法

动词的使动用法，就是主语所代表的人物并不施行这个动词所表示的动作，而是使宾语所代表的人或事物施行这个动作。

例如：

焉用亡郑以陪邻？	（《左传·僖公三十年》）
其姑以为多私而出之。	（《韩非子·说林上》）
庄公寤生，惊姜氏。	（《左传·隐公元年》）
项伯杀人，臣活之。	（《史记·项羽本纪》）
天下皆以扁鹊为能生死人。	（《史记·扁鹊列传》）

译文

晋文公、秦穆公合兵包围了郑国，因为郑国曾经对晋文公无礼并且分心亲近楚国。晋国的军队驻扎在函陵，秦国的军队驻扎在氾水的南岸。佚之狐对郑文公说："郑国很危险了，如果派烛之武去拜见秦穆公，包围我们的军队一定会撤退。"郑文公同意了他的意见。烛之武婉拒说："我年轻力壮的时候，尚且不如别人；现在我老了，没有什么作为了。"郑文公说："我没有早早任用您，现在形势危急了才来求您，这是我的过错。然而郑国如果灭亡了，您从中也得不到什么好处啊！"烛之武就答应了。

夜晚用绳子将烛之武从城上放下去。烛之武拜见秦穆公说："秦晋两国合围郑国，郑国早就知道要灭亡了。如果灭亡了郑国对您有好处，那怎么敢拿这件事来麻烦您手下的人呢？越过晋国而把远方的郑国作为您东部的边疆，您知道那样做是很困难的，您何必要灭掉郑国来增加您的邻国晋国的土地呢？您的邻国晋国实力雄厚了，您的实力相对就薄弱了。假如您放弃灭郑的打算而把郑国作为您东方道路上的主人，您的使节来来往往经过郑国的时候，郑国可以随时供给他们所缺乏的东西，这对您来说也没有什么害处。况且您曾经对晋国的国君有恩，晋国的国君也曾经答应把焦、瑕这两个地方割让给您作为回报。可是，晋国的国君早上的时候渡河回国，傍晚的时候就在这两个地方修筑防御工事，这都是您知道的。晋国有什么满足呢？他在东部把郑国当作边境以后，又要扩张西部的边界，如果不侵占秦国的土地，他又能从哪里得到他想要的一切呢？损害秦国的利益，对晋国有好处，还是恳请您仔细、慎重地考虑一下灭郑这件事吧！"

秦穆公听完烛之武的话很高兴，就和郑国签订了盟约。并让杞子、逢孙、杨孙守卫郑国，然后就率领军队回去了。

练习

一、根据课文，回答问题：

1. 晋侯、秦伯的军队为什么包围了郑国？

2. 烛之武是从几个方面、怎么说服秦伯退兵的？

3. 你知道"东道主"是什么意思吗？如果你听到中国人跟你说"今天我做东"，你明白他说话的意思吗？

二、选择对下列各句中加点词语的正确解释：

1. 晋侯、秦伯围郑，以其无礼于晋且贰于楚也。

    A. 况且   B. 而且

2. 且君尝为晋君赐矣，许君焦、瑕。

    A. 况且   B. 而且

3. 若使烛之武见秦君，师必退。

    A. 像……一样   B. 假如、如果   C. 你

4. 然郑亡，子亦有不利焉！

    A. 虽然   B. 这样   C. 可是

5. 焉用亡郑以陪邻？

    A. 哪里   B. 于之

6. 行李之往来，共其乏困，君亦无所害。

    A. 出门时所携带的箱包等物   B. 使者

7. 阙秦以利晋，唯君图之！

    A. 仔细考虑   B. 图画、地图

8. 使杞子、逢孙、杨孙戍之，乃还。

    A. 回去、返回   B. 还是、仍然

三、翻译下列各句，并指出加点词语的意义：

1. 晋军函陵，秦军氾南。

2. 夜缒而出。

3. 越国以鄙远，君知其难也。

4. 邻之厚，君之薄也。

5. 朝济而夕设版焉。

6. 夫晋何厌之有？

7. 既东封郑，又欲肆其西封，若不阙秦，将焉取之？

四、指出下列各句中加点词语的特殊用法：

1. 晋军函陵，秦军氾南。

2. 越国以鄙远，君知其难也。

3. 邻之厚，君之薄也。

4. 夫晋何厌之有？

5. 既东封郑，又欲肆其西封。

五、阅读下面的短文，并回答问题：

1. 父亲是怎么教育即将出嫁的女儿的？

2. "为人妇而出"中的"出"是什么意思？

3. 女儿因为什么被赶回家？

4. 父亲是怎么看他的女儿被赶回家这件事的？

卫人嫁其子而教之

《韩非子·说林上》

卫人嫁其子而教之曰[1]："必私积聚[2]。为人妇而出[3]，常也[4]；其成居[5]，幸也[6]。"其子因私积聚[7]。其姑以为多私而出之[8]。其子所以反者[9]，倍其所以嫁[10]。其父不自罪于教子非也[11]，而自知其益富[12]。今人臣之处官者[13]，皆是类也[14]。

注释

1. 卫人：卫国人。嫁：女子结婚。古时候男女地位不同，男女结婚，女为嫁，男为娶。子：儿子或女儿，这里指女儿。而：同时，并且。教：古文字写作，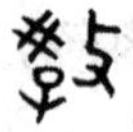，教导孩子学习，这里指教育，教导。

2. 私：私下，偷偷地。积聚：积蓄财物，这里指存私房钱。

3. 妇：古文字写作，以女子持帚打扫会意，这里指主妇、妻子。出：古文字写作，，本来指人离开家，这里指男人休妻，离弃妻子。

4. 常：普通，平常。

5. 成居：长久在一起。

6. 幸：侥幸，幸运。

7. 因：于是，因此。

8. 姑：古时“姑”“舅”相对称，“舅”指丈夫的父亲，即公公；“姑”指丈夫的母亲，即婆婆。以为：认为。私：自私，一心为己。多私：过于谋私利。出之：让她回家，休她回家，动词的使动用法。

9. 反：回来，此意义后来写作“返”，这里指拿回来、带回来。所以反者：带回娘家的财物。

10. 倍：一倍，加倍。所以嫁：带到婆家去的财物，即陪嫁。倍所以嫁：是陪嫁的倍数。

11. 罪：责罚，反省。自：古文字写作，，，鼻子的形象，指自己、自身。自罪：自我反省。于：在……方面，对……。非：错误，过失。

12. 知：zhì。自知：即“自智”，认为自己聪明。益：古文字写作，，越发，更加。富：富裕，财产多。

13. 人臣：为人臣子，大臣。处官：处于官位，身处官位，即当官、为官。

14. 皆：全，都。是：这，此。类：类别，种类。是类：这一类，这一种。

第十课

课文

狼

《聊斋志异·狼三则》

一屠晚归 [1]，担中肉尽，止有剩骨 [2]。途中两狼 [3]，缀行甚远 [4]。屠惧 [5]，投以骨 [6]。一狼得骨止，一狼仍从 [7]。复投之，后狼止而前狼又至。骨已尽，而两狼之并驱如故 [8]。屠大窘 [9]，恐前后受其敌 [10]。

顾野有麦场 [11]，场主积薪其中 [12]，苫蔽成丘 [13]。屠乃奔倚其下 [14]，弛担持刀 [15]。狼不敢前 [16]，眈眈相向 [17]。少时 [18]，一狼径去 [19]，其一犬坐于前 [20]。久之，目似瞑 [21]，意暇甚 [22]。屠暴起 [23]，以刀劈狼首 [24]，又数刀毙之 [25]。

方欲行 [26]，转视积薪后，一狼洞其中 [27]，意将隧入以攻其后也 [28]。身已半入，止露尻尾 [29]。屠自后断其股 [30]，亦毙之。乃悟前狼假寐 [31]，盖以诱敌 [32]。狼亦黠矣 [33]！而顷刻两毙 [34]，禽兽之变诈几何哉 [35]？止增笑耳 [36]！

作品作者人物简介

《聊斋志异》：蒲松龄最具代表性的短篇小说集，花费数十年时间写作而成。集子中的短篇小说运用唐代传奇小说的文言体，通过鬼狐故事，对当时的社会、政治进行讥刺、批判。

蒲松龄：清代著名的文学家，字留仙、剑臣，号柳泉居士，世称"聊斋先生"，山东淄川（今属山东淄博市）人。

蒲松龄像

注释

1. 屠：本义为宰杀，这里动词活用为名词，指以宰杀牲畜为生的人，即屠夫。晚：晚上，傍晚，这里名词作状语，在傍晚的时候。

2. 止：只是，仅仅。

3. 途：路途，道路。

4. 缀：zhuì，连系，连接。缀行：跟着走，追着走。

5. 惧：惧怕，害怕。

6. 投：向远处扔。以：介词，用，拿。

7. 仍：仍然，继续，还。从：古文字写作 ，像人相跟从，表示"跟着"，"跟随"之义。

8. 并：古文字写作 ，表示一起、一同之义。驱：本义为赶马快跑，这里指狼追着屠夫跑。故：早先的，原来的，原先的。

9. 窘：jiǒng，窘迫，为难，尴尬。

10. 受：遭受，遭到，受到。敌：对抗，这里指攻击、进攻。

11. 顾：回头看，环顾。野：田野。麦场：晾晒麦子的空场地。

12. 积：堆在一起，堆放。薪：xīn，本指柴薪，这里指脱去麦粒后留下来作柴火的麦秸。

13. 苫：shān，用草编成的席子，这里名词作状语，用草席……。蔽：遮盖。丘：古文字写作 ，小土山。苫蔽成丘：用草席把麦秸垛遮盖起来成为小土山的样子。

麦秸垛

14. 奔：古文字写作 ![古文字] ， ![古文字] ，快跑。倚：yǐ，倚靠，斜靠着。

15. 弛：本义为放松弓弦，这里指放下。

16. 前：古文字写作 ![古文字] ， ![古文字] ， ![古文字] ，脚在舟前，本义为"前面""前头"，这里表示"向前""上前"的意思，名词活用为动词。

17. 眈：dān，盯着，注视。眈眈：注视的样子。相：互相。向：古文字写作 ![古文字] ， ![古文字] ，本义为朝北的窗户，这里指面向、朝向。眈眈相向：指狼面向屠夫，专注地盯着他。

18. 少时：不久，不长时间，过了一会儿。

19. 径：径直，直接。去：古文字写作 ![古文字] ，离开。

20. 犬：本义指狗，这里名词作状语，像狗一样地……。犬坐：像狗一样坐着。

21. 瞑：míng，合上，闭上。

22. 意：神情，神态。暇：xiá，悠闲自得。

23. 暴：猛然，一下子，指动作又快又猛又急。

24. 劈：用刀由上而下砍。首：古文字写作 ![古文字] ， ![古文字] ，头，脑袋。

25. 毙：bì，杀死。

26. 方：正，正要。

27. 洞：本义为洞穴，这里名词活用为动词，挖洞，打洞，掏洞。

28. 意：意想，意料，料想。隧：suì，本义为隧道、地道，这里指狼掏挖的洞，名词作状语，从洞中……。隧入：从洞中进去，从洞中进入。以：来。

29. 尻：kāo，屁股。

30. 自：从。股：大腿。

31. 乃：才，方才。悟：明白，醒悟。寐：mèi，睡觉。假寐：打盹儿，打瞌睡。

32. 盖：原来是。诱：yòu，引诱，诱惑。敌：对手，对方。

33. 黠：xiá，聪慧，狡猾。

34. 顷：qǐng，本义指歪头。刻：计时单位，古时用漏壶计时，一昼夜共一百刻。顷刻：不一会儿，形容极短的时间。

35. 变：变化。诈：zhà，骗，欺骗。几何：多少。

36. 耳：语气词，起弱化语义的作用，相当于"而已""罢了"。止增笑耳：仅仅是增加一点儿笑料罢了！

常用词与固定结构

故（三）

形容词，可译为"原来的""原先的"等。

例如：

骨已尽，而两狼之并驱如故。（《聊斋志异·狼三则》）

项王身亦被十余创。顾见汉骑司马吕马童曰："若非吾故人乎？" （《史记·项羽本纪》）

广骑曰："故李将军。"尉曰："'今将军'尚不得夜行，何'故'也！" （《史记·李广列传》）

其有故爵者，更益，勿因！ （《史记·吴王濞列传》）

之（四）

助词，在结构上只是起一个凑足音节的作用，可不翻译。

例如：

久之，目似瞑，意暇甚。 （《聊斋志异·狼三则》）

填然鼓之，兵刃既接。 （《孟子·梁惠王上》）

君将鼓之，曰："不可。" （《左传·庄公十年》）

方

1. 副词，表示动作、行为不久就要实现，可译为"正要""正想"等。

例如：

方欲行，转视积薪后，一狼洞其中。

（《聊斋志异·狼三则》）

朝廷已深知弱翁治行，方且大用矣。（《汉书·魏相传》）

轼方过临江，当往游焉。（《苏东坡全集·答谢民师书》）

2. 副词，表示动作、行为发生得晚或结束得晚，可译为"才""方才"。

例如：

向见雷将军，方知足下军令矣。

（《资治通鉴·唐纪·肃宗至德元年》）

余出使至磁州锻坊，观炼铁，方识真钢。

（《梦溪笔谈·辩证一》）

盖

副词，表示对事物带有推测性的判断或者是表示对原因的解释。可译为"大概""似乎""原来是"等。

例如：

方悟前狼假寐，盖以诱敌。（《聊斋志异·狼三则》）

盖闻王者莫高于周文，伯者莫高于齐桓，皆待贤人而成名。（《汉书·高帝纪》）

汉室中微，王莽篡位，士之蕴藉义愤甚矣。是时裂冠毁冕相携持而去之者，盖不可胜数。（《后汉书·逸民书》）

耳

语气词，表示不会超过某一范围，有弱化、轻化语义的作用，多与"止""直""不过"等搭配使用，可译为"而已""罢了"。

例如：

禽兽之变诈几何哉？止增笑耳！（《聊斋志异·狼三则》）

虎因喜，计之曰："技止此耳！"（《河东先生集·黔之驴》）

直不百步耳，是亦走也。（《孟子·梁惠王上》）

从此道至吾军，不过二十里耳。（《史记·项羽本纪》）

如反覆手耳。（《史记·陆贾传》）

自

介词，引介时间、处所、方位等，可译为"从"。

例如：

屠自后断其股，亦毙之。　　　（《聊斋志异·狼三则》）

有朋自远方来，不亦乐乎？　　　（《论语·学而》）

自吾得由，恶言不闻于耳。（《史记·仲尼弟子列传》）

自此，冀之南，汉之阴，无陇断焉。（《列子·汤问》）

基础语法

名词状语句

与现代汉语不同，在古代汉语中，普通名词、时间名词以及方位名词都可以直接放在谓语动词之前作状语，来表示动作行为的状态、方式、工具、处所、时频等，在进行古文翻译时我们可以根据具体的上下文，将其翻译成"像……一样地""像对待……一样地""用……来""从（在）……地方"以及"在……时候""在……方向""每天"等。

例如：

少时，一狼径去，其一犬坐于前。

（《聊斋志异·狼三则》）

豕人立而啼。　　　　　　　　　（《左传·庄公八年》）

嫂蛇行匍伏，四拜自跪而谢。　　（《战国策·秦策一》）

场主积薪其中，苫蔽成丘。　　（《聊斋志异·狼三则》）

黔无驴，有好事者船载以入。（《河东先生集·黔之驴》）

群臣后应者，臣请剑斩之。　　　（《汉书·霍光传》）

一狼洞其中，意将隧入以攻其后也。

（《聊斋志异·狼三则》）

秦焚书禁学，济南伏生独壁藏之。（《汉书·艺文志》）

君为我呼入，吾当兄事之。　　　（《史记·项羽本纪》）

一屠晚归，担中肉尽，止有剩骨。

（《聊斋志异·狼三则》）

朝闻道，夕死可矣。　　　　　　（《论语·里仁》）

西并巴蜀，北收上郡，南取汉中。　　（《谏逐客书》）

屠大窘，恐前后受其敌。　　（《聊斋志异·狼三则》）

词类活用 (三)

名词活用为动词

古汉语中，名词常活用作动词，表示与该名词相关的动作行为。

例如：

狼不敢前，眈眈相向。　　　　（《聊斋志异·狼三则》）

一狼洞其中，意将隧入而攻其后也。

　　　　　　　　　　　　　　　（《聊斋志异·狼三则》）

孟尝君怪其疾也，衣冠而见之。（《战国策·齐策四》）

晋军函陵，秦军汜南。　　　　（《左传·僖公三十年》）

秦师遂东。　　　　　　　　　（《左传·僖公三十二年》）

译文

　　一个屠夫傍晚的时候回家，担子中的肉已经卖光了，只剩下些骨头。路上的两只狼，追着屠夫走了很长一段路。屠夫心里很害怕，把骨头远远地扔给它们。一只狼捡到骨头停了下来，另一只狼还继续跟着。再把骨头扔给它们，跟着的狼得到骨头停下来了，可是前边那只吃完骨头的狼又到了。骨头已经扔光了，但是两只狼还像从前一样一起追赶着他。屠夫很是为难，担心受到两只狼的前后夹击。

　　屠夫环顾四周的田野，发现了一个打麦场，麦场的主人把麦秸堆积在麦场里，并用草席遮盖成小土丘的形状。屠夫就跑向麦秸垛并斜靠在它下边，放下肩上的担子，拿起屠刀。狼不敢再向前走，只是死盯着屠夫不放。过了一会儿，一只狼径直离开了，另外一只则像狗一样地坐在屠夫面前。过了一段时间，这只狼的眼睛好像闭上了，神态也变得很悠闲。这时，屠夫突然站起身，用刀劈向狼的头，接着又砍了很多刀，把这只狼杀死了。

　　屠夫正要离开，回过头来看麦秸垛的后面，另外那只狼正在麦秸垛后面挖洞，屠夫料想这只狼一定是准备通过这个洞从他的身后来攻击他。狼的身体已经进去一半了，只露出屁股和尾巴。屠夫从后边砍断了狼的大腿，也把它杀死了。屠夫这才明白先被他杀死的那只狼在他面前打盹儿，原来是来迷惑他这个对手的。狼也太狡猾了！但是不一会儿两只狼就都被杀死了，野兽的变化、欺诈手段能有多少呢？只是给我们增加一点儿笑料罢了！

练习

一、根据课文，回答问题：

1. 晚归的屠夫路遇两只狼，开始的时候他采取了什么行动？有效果吗？

2. 在麦场中，狼采取了什么行动？屠夫又是怎么对付它们的？

3. 从《狼》这个故事中，你得到了什么启示？说说你的想法。

二、解释下列各句中加点词语的意义：

1. 一屠晚归，担中肉尽，止有剩骨。

2. 骨已尽，而两狼之并驱如故。

3. 屠大窘，恐前后受其敌。

4. 顾野有麦场，场主积薪其中，苫蔽成丘。

5. 屠乃奔倚其下，弛担持刀。

6. 少时，一狼径去，其一犬坐于前。

7. 久之，目似瞑，意暇甚。

8. 屠暴起，以刀劈狼首，又数刀毙之。

9. 方欲行，转视积薪后，一狼洞其中。

10. 屠自后断其股，亦毙之。

11. 乃悟前狼假寐，盖以诱敌。

12. 狼亦黠矣！而顷刻两毙，禽兽之变诈几何哉？

三、解释下列各句中加点词的意义和用法：

1. 场主积薪其中，苫蔽成丘。

2. 少时，一狼径去，其一犬坐于前。

3. 一狼洞其中。

4. 意将隧入以攻其后也。

5. 狼不敢前，眈眈相向。

四、试着总结一下下面这几个词在本课中的不同意义和用法，并摘出相应的例句：

　　敌

　　意

　　之

五、学习了"名词状语句"和"名词活用为动词"的用法，试着从《烛之武退秦师》这篇课文中，分别找出相同用法的句子并尝试着加以分析说明。

六、阅读下面的短文，并回答问题：

　　1. 丑人认为西施的什么姿态是美的？西施为什么会这样？你能不能模仿一下？

　　2. 别人见到丑人模仿西施的样子有什么反应？

　　3. 为什么同样的姿态在西施身上就是美的，而在丑人的身上却大不一样？

　　4. 如果用一个成语来概括这个故事，你知道是哪个成语吗？

西施病心而矉其里

《庄子·天运》

　　西施病心而矉其里[1]。其里之丑人见而美之[2]，归亦捧其心而矉其里[3]。其里之富人见之，坚闭门而不出[4]；贫人见之，挈妻子而去之走[5]。彼知矉美[6]，而不知矉之所以美[7]。

东施效矉

注释

1. 西施：春秋末年越国人，中国古代四大美女之一。

病：生病。心：古文字写作 ⊕⊕，像心脏的形状。病心：得了心口疼的病。颦：pín，皱眉头。里：古代的居民组织，先秦以二十五家为里。

2. 美：美丽，漂亮。美之：以之为美，认为西施这样漂亮，形容词的意动用法。

3. 捧其心：捂着她心口的部位，捂着她的胸口。

4. 坚：结实，牢固。坚闭门：结结实实地、紧紧地关上门。

5. 挈：qiè，本义为提着，提起。这里指带着、领着、带领。妻子：妻子和孩子。这里"妻子"虽然写在一起，但却不是一个词，与现代汉语中的"妻子"意义不同，需注意。

去：离开。走：古文字写作 走走，本义为跑、跑开。去之走：离开她跑得远远的。

6. 彼：她。

7. 所以：……的原因。所以美：漂亮的原因，好看的原因。

第十一课

课文

为学

《白鹤堂稿》

天下事有难易乎？为之[1]，则难者亦易也[2]；不为，则易者亦难矣。人之为学有难易乎[3]？学之，则难者亦易矣；不学，则易者亦难矣。

蜀之鄙有二僧[4]：其一贫，其一富[5]。贫者语于富者曰[6]："吾欲之南海[7]，何如[8]？"

富者曰："子何恃而往[9]？"曰："吾一瓶一钵足矣[10]。"富者曰："吾数年来欲买舟而下[11]，犹未能也[12]，子何恃而往？"

越明年[13]，贫者自南海还[14]，以告富者[15]。富者有惭色[16]。

西蜀之去南海[17]，不知几千里也！僧之富者不能至而贫者至焉[18]。人之立志[19]，顾不如蜀鄙之僧哉[20]！

作品作者人物简介

彭端淑：清朝人，字乐斋，眉州丹棱（今四川丹棱县）人。文学家，与李调元、张问陶被誉为清代"蜀中三才子"。《为学》一文是彭端淑写给他的子侄辈，以激励他们立志求学的。

注释

1. 为：wéi，古文字写作 🦣，🦣，🦣，本义是手牵大象，用大象来帮助人劳作，动词，泛指做事。为之：做这些事。

2. 则：就，那么。难者：困难的事，与下文"易者"相对称。易者：容易的事。亦：也。

3. 学：古文字写作 ，学习。为学：学习，做学问。

4. 蜀：Shǔ，古蜀地，位于现今四川省的中西部地区。鄙：bǐ，边疆，边远的地方。僧：sēng，僧人，和尚。

5. 贫：与下文的"富"相对称。贫：贫困，贫穷；富：富有，富裕。其一贫，其一富：他们中的一个生活贫穷，他们中的另一个生活富足。

6. 贫者：与下文的"富者"相对称，指贫穷的和尚。富者：富足的和尚。语：yù，告诉，动词。曰：古文字写作 ，口中有气出来，表"说话"的意义。语于……曰：告诉……说，对……说。

7. 之：去，到……去，动词。南海：佛教圣地，指普陀山。

8. 何如：如何，怎么样。

9. 恃：shì，依靠，凭借。何恃：凭什么，依靠什么。往：去。

10. 钵：bō，饭钵。瓶、钵：和尚随身携带的用具，可以用来装水、盛饭。足：够，足够。

11. 数年来：多年以来。舟：古文字写作 ，像舟船形。买舟：花钱租或雇一条小船。下：这里名词活用为动词，顺流而下。买舟而下：雇一条小船顺流而下去南海。

12. 犹：还，仍然。未能：没能做到，没能办到。

13. 越明年：到了第二年。

14. 自：从。还：huán，回来，归来，动词。

15. 以：将，把。以告富者："以"字后边省略了代词"之"，"以告富者"即"以之告富者"，"之"指代"自南海还"这件事。整句话的意思是：贫穷的和尚把他去了南海并从南海回来这件事告诉了富有的和尚。

16. 惭：cán，惭愧，羞愧。色：脸色，表情。惭色：羞愧的表情。

17. 去：本义为离开，这里指离、距离。

18. 僧之富者：富有的和尚，定语后置句。至：古文字

写作 ▼，▼，箭射到靶上，表示"到""到达"之义。

19. 立：古文字写作 ⚊，本义为站立，这里指树立、确立。立志：树立志向，确立理想。

20. 顾：反而，反倒，却。哉：句末语气词，表示感叹的语气，可译为"啊"。

常用词与固定结构

矣

语气词，常用于句末，表示对事物未来发展趋势的一种肯定的预测。也可以表示事物的既成状态，有加重语气的作用。均可译为"了"。

例如：

不为，则易者亦难矣。　　　（《白鹤堂稿·为学》）

学之，则难者亦易矣；不学，则易者亦难矣。
　　　　　　　　　　　　　（《白鹤堂稿·为学》）

吾一瓶一钵足矣。　　　　　（《白鹤堂稿·为学》）

诚如是，则霸业可成，汉室可兴矣。
　　　　　　　　　　（《三国志·蜀书·诸葛亮传》）

险阻艰难，备尝之矣。　（《左传·僖公二十八年》）

天下之刖者多矣，子奚哭之悲也？（《韩非子·和氏》）

君之先臣容焉，臣不足以嗣，于臣侈矣。
　　　　　　　　　　　　　（《左传·昭公三年》）

顾

1. 副词，用于谓语或谓语结构之前，表示行为结果有违常理、常情，可译为"反而""反倒"等。

例如：

人之立志，顾不如蜀鄙之僧哉！（《白鹤堂稿·为学》）

足反居上，首顾居下，是倒植之势也。
　　　　　　　　　　　　　（《贾谊集·威不信》）

今萧何未有汗马之劳，徒持文墨议论，不战，顾居臣等

上，何也？ （《汉书·萧何传》）

若既得立，欲分吴国予我，我顾不敢望也。

（《史记·伍子胥列传》）

2. 连词，表示上下文意义上轻微的转折，可译为"不过"等。

例如：

女还，顾反为女杀彘。 （《韩非子·外储说左上》）

夫以秦王之威，而相如廷叱之，辱其群臣。相如虽驽，独畏廉将军哉？顾吾念之，强秦之所以不敢加兵于赵者，徒以吾两人在也。 （《史记·廉颇蔺相如列传》）

卿非刺客，顾说客耳。 （《后汉书·马援传》）

犹

副词，多用于动词之前，表示状态的持续，可译为"还""还是""仍然"等。

例如：

吾数年来欲买舟而下，犹未能也，子何恃而往？

（《白鹤堂稿·为学》）

今君虽终，言犹在耳。 （《左传·文公七年》）

千呼万唤始出来，犹抱琵琶半遮面。 （《琵琶行》）

掘井九轫而不及泉，犹为弃井也。（《孟子·尽心上》）

基础语法

定语后置句

定语作为修饰、限制中心语的成分，一般位于中心语之前。但是在古代汉语中，却有一种将定语置于被修饰、限制的中心语之后的情况，定语和中心语之间可以加"之"，也可不加。将古文翻译成现代汉语时，应该把后置的定语提到中心语的前面。

例如：

僧之富者不能至而贫者至焉。 （《白鹤堂稿·为学》）

马之千里者，一食或尽粟一石。（《昌黎先生集·马说》）

今人臣之处官者，皆是类也。　（《韩非子·说林上》）

使吏召诸民当偿者，悉来合券。（《战国策·齐策四》）

然富贵人读书者有几？　（《袁枚全集·黄生借书说》）

求人可使报秦者，未得。（《史记·廉颇蔺相如列传》）

人马烧溺死者甚众。（《资治通鉴·汉纪·建安十三年》）

盖简核桃修狭者为之。　（《虞初新志·核舟记》）

商贾大者积贮倍息，小者坐列贩卖。　（《论贵粟疏》）

群臣侍殿上者，不得持尺寸之兵。（《史记·刺客列传》）

被动句 (二)

为……／为……所……

在古代汉语中，也可以在动词前加"为（wéi）"构成被动句，"为"与动词之间可以出现动作行为的主动者，即施动者，也可以不出现。其基本结构是：

受动者＋为＋施动者＋动词

例如：

多多益善，何为为我禽？　（《史记·淮阴侯列传》）

此乃信所以为陛下禽也。　（《史记·淮阴侯列传》）

兔不可复得，而身为宋国笑。　（《韩非子·五蠹》）

身死人手，为天下笑者，何也？（《史记·秦始皇本纪》）

自今无有代其君任患者，有一于此，将为戮乎？

（《左传·成公二年》）

则夫差为擒。　（《韩非子·饰邪》）

"为"还常常与"所"构成"为……所……"的句式，表示被动。其基本结构是：

受动者＋为＋施动者＋所＋动词

例如：

为张辽等所袭。　（《三国志·吴书·吕蒙传》）

负石自投于河，为鱼鳖所食。　（《庄子·盗跖》）

夫人直议者不为人所容。　（《韩非子·外储说左下》）

如姬父为人所杀。　（《史记·魏公子列传》）

译文

　　世界上的事情有困难和容易的区别吗？只要去做那些要做的事，那么难的事也会变得容易；不去做，那么容易的事也会觉得难。人学习有困难和容易的区别吗？只要去学那些要学的东西，困难的内容也就会变得容易了；不去学，即使容易学习的内容也会觉得困难。

　　蜀地边远的地方有两个和尚：他们中的一个生活贫穷，他们中的另一个生活富足。贫穷的和尚告诉富有的和尚说："我想去南海，您觉得怎么样？"

　　富有的和尚说："您靠什么去呢？"贫穷的和尚回答说："我有一个水瓶和一个饭钵就足够了。"富有的和尚说："我多年以来就打算雇一条小船顺流而下去南海，可是还没能做到，您靠什么去呢？"

　　时间到了第二年，贫穷的和尚从南海回来了，他把自己去了南海又顺利返回这件事告诉了富有的和尚。富有的和尚听后脸上现出羞愧的表情。

　　西边的蜀地距离南海，不知道间隔了几千里远啊！富有的和尚没能到那里而贫穷的和尚却到了那里。现如今人们确立自己的志向，反而不如蜀地边远地方的穷和尚啊！

练习

一、根据课文，回答问题：

　　1. 作者认为，世界上的难事和容易的事是如何互相转化的？

　　2. 富有的和尚为什么最终也没能去成南海？贫穷的和尚为什么就去成了？

　　3. 这个故事对你今后的学习和生活有什么启示？谈谈自己的看法。

二、翻译下列各句，并解释加点词语的意义：

　　1. 天下事有难易乎？

　　2. 蜀之鄙有二僧：其一贫，其一富。

　　3. 贫者语于富者曰："吾欲之南海，何如？"

　　4. 富者曰："子何恃而往？"

5. 越明年，贫者自南海还，以告富者。

6. 人之立志，顾不如蜀鄙之僧哉！

三、在这篇短文中，"之"字出现了很多次，用法也各不相同，试着总结一下"之"字的不同用法，并摘出相关例句加以说明。

四、给下面的短文加上标点符号：

蜀 之 鄙 有 二 僧 其 一 贫 其 一 富 贫
者 语 于 富 者 曰 吾 欲 之 南 海 何 如 富 者
曰 子 何 恃 而 往 曰 吾 一 瓶 一 钵 足 矣 富
者 曰 吾 数 年 来 欲 买 舟 而 下 犹 未 能 也
子 何 恃 而 往 越 明 年 贫 者 自 南 海 还 以
告 富 者 富 者 有 惭 色

五、阅读下面的短文，并回答问题：

（一）给下列各句中加点的字注音，并解释其意义：

1. 上尝（　　）从容与信言诸将能不（　　），各有差
（　　）。

2. 如我能将（　　）几何？

3. 多多益善，何为（　　）为（　　）我禽（　　）？

4. 陛下不能将（　　）兵，而善将（　　）将（　　）。

（二）有一个成语与这篇短文密切相关，你知道是什么成语吗？

韩信将兵

《史记·淮阴侯列传》

上尝从容与信言诸将能不[1]，各有差[2]。上问曰："如我能将几何[3]？"信曰："陛下不过能将十万[4]。"上曰："于君何如[5]？"曰："臣多多益善耳[6]。"上笑曰："多多益善，何为为我禽[7]？"信曰："陛下不能将兵，而善将将[8]，此乃信之所以为陛下禽也[9]。"

注释

1. 上：指等级、地位高的人，特指皇上、皇帝，这里指

刘邦。尝：曾经。从容：随意，悠闲。信：韩信，刘邦手下的大将，善于用兵。言：古文字写作 　，　，以口舌表示说话的意义，这里指谈论。诸将：诸位将领，各位将军。能不：本领与不足，即长处与短处。不：fǒu，通"否"，不能。

2. 差：差别，区别，不同。

3. 如：像……，对……来说。如我：像我这样的，对我来说。将：jiàng，率领，带领，动词。几何：多少。

4. 陛：bì，台阶，这里特指皇宫的台阶。陛下：指刘邦，是谦敬的称谓。

5. 于：对……来说。于君：对您来说，拿您来说。何如：即"如何"，怎么样。

6. 益：古文字写作 　，　，表示"越""越发"义。善：好。多多益善：越多越好。耳：语气词，表示肯定的语气。

7. 第一个"为"读 wèi，介词。何为：即"为何"，为什么。第二个"为"读 wéi，被，叫，让。禽：qín，抓到，抓住，这个意义后来写作"擒"。这里指支配、控制。

8. 善：善于，擅长。将将：第一个"将"为动词，率领，带领；第二个"将"为名词，将军，将领。将将：统率将领。

9. 乃：就是。此乃：这就是。所以：……的原因。为：wéi，被，叫，让。

第十二课

课文

晏子使楚

《晏子春秋·内篇杂下》

晏子使楚[1]。楚王闻之[2]，谓左右曰[3]："晏婴，齐之习辞者也[4]。今方来[5]，吾欲辱之[6]，何以也[7]？"左右对曰[8]："为其来也[9]，臣请缚一人[10]，过王而行[11]，王曰：'曷为者也[12]？'对曰：'齐人也。'王曰：'何坐[13]？'曰：'坐盗[14]。'"

晏子至，王赐晏子酒[15]。酒酣[16]，吏二缚一人诣王[17]。王曰："缚者曷为者也[18]？"对曰："齐人也，坐盗。"王视晏子曰："齐人固善盗乎[19]？"晏子避席对曰[20]："婴闻之[21]：橘生淮南则为橘，生于淮北则为枳[22]，叶徒相似[23]，其实味不同[24]。所以然者何[25]？水土异也[26]。今民生长于齐不盗，入楚则盗[27]，得无楚之水土使民善盗耶[28]？"王笑曰："圣人非所与熙也[29]，寡人反取病焉[30]。"

作品作者人物简介

《晏子春秋》：记载了晏婴的言行事迹，由后人编写、整理而成。

晏子：即晏婴，字平仲，春秋时齐国人，在灵公、庄公、景公时为辅臣。

晏子像

注释

1. 使：出使。
2. 楚王：即楚灵王。之：代词，指代"晏子使楚"这件事。
3. 谓……曰：对……说。左右：左右之人，即楚王身边的臣子。
4. 习辞者：熟悉外交辞令的人，很会说话的人。

5. 方：要，正要。

6. 辱：羞辱。

7. 以：用，拿。何以也：以何也，用什么方法呢？

8. 对：回答，回应。

9. 为：如果，假如。

10. 请：谦敬词，可翻译为"请求您允许""请求您同意"。缚：fù，捆绑，绑。

11. 过王而行：从王的面前经过，从王的面前走过去。

12. 曷：什么。曷为者：为曷者，做什么的人？干什么的人？

13. 坐：犯罪，犯……罪。何坐：犯了什么罪？

14. 盗：偷东西，偷盗，偷窃。坐盗：犯了偷东西的罪。

15. 赐：cì，赏赐，赏给，用于上对下，尊对卑。

16. 酒：古文字写作 ，以酒瓮和美酒表义。酒酣：酒喝得很畅快、很尽兴。酣：hān，饮酒尽量。

17. 吏：lì，差役，官吏。诣：yì，到……去。

18. 缚者：被绑着的人。

19. 固：本来，生来，天生的。善：善于，擅长。

20. 避席：离开席位，离开座位，表示郑重、严肃。

21. 之：代词，指代下文"橘生淮南则为橘，生于淮北则为枳"这句话。

22. 橘：jú，柑橘，果实扁圆形，味道酸甜，可食用。淮：河流名，指淮河。淮南：淮河以南，下文的"淮北"，指淮河以北。则：第一个"则"我们翻译成"就""就是"；第二个"则"翻译成"却"。枳：zhǐ，又称枸橘、臭橘，果实小，肉小味酸，不堪食用，但可入药，名枳实、枳壳。

橘

枳

23. 徒：只是，仅仅。

24. 其：它们的。实：果实。其实：它们的果实。这里"其"与"实"虽然在一起，但却是两个词，与现代汉语的双音词"其实"意义不同，需注意。

25. 然：这样。所以然者：这样的原因。

26. 水：古文字写作 ⼲，ᠯ，ᠰ，像水流之形。土：古文字写作 ⼟，ᠥ，像地上有土块儿之形。水土：水流和土地，这里指环境。异：不同，不一样。

27. 则：却，表转折。

28. 得无……耶：莫不是……吗，莫非是……吗，恐怕是……吧。

29. 熙：xī，通"嬉"，开玩笑。所与熙：和开玩笑的人，跟开玩笑的人。

30. 反：反倒，反而。病：本来指疾病，这里指不舒服、不自在。取：古文字写作 ᠹ，ᠺ，ᠻ，本指古代战争中割取耳朵记功，表示"取得""得到"之义。取病：自己找不自在，自找没趣，自讨没趣。

常用词与固定结构

何 (二)

1. 疑问代词，用于动词或介词前，指代事物等，是动词或介词前置的宾语，可译为"什么"等。

例如：

今方来，吾欲辱之，何以也？ （《晏子春秋·内篇杂下》）

王曰："何坐？"曰："坐盗。"（《晏子春秋·内篇杂下》）

然则君将何求？　　　　　（《公羊传·庄公十三年》）

温曰："何姓？"宓曰："姓刘。"

（《三国志·蜀志·秦宓传》）

何以赠之？琼瑰玉佩。　　　（《诗经·秦风·渭阳》）

2. 疑问代词，作谓语，多用来询问原因等，可译为"什么""为什么"等。

例如：

所以然者何？水土异也。　（《晏子春秋·内篇杂下》）

吾所以有天下者何？　　　　　（《史记·高祖本纪》）

今恩足以及禽兽，而功不至于百姓者，独何与？

（《孟子·梁惠王上》）

地震者何？动地也。　　（《公羊传·文公九年》）

曷

疑问代词，用在介词"为"或动词之前，为前置的宾语，指代事物或人，可译为"什么""谁"等。

例如：

王曰："曷为者也？"对曰："齐人也。"

（《晏子春秋·内篇杂下》）

王曰："缚者曷为者也？"对曰："齐人也，坐盗。"

（《晏子春秋·内篇杂下》）

藐藐孤女，曷依曷待？　（《陶渊明集·祭程氏妹文》）

耶

语气词，表示反问或疑问的语气，可译为"吧""吗""呢"等。

例如：

今民生长于齐不盗，入楚则盗，得无楚之水土使民善盗耶？　　　　　　　　（《晏子春秋·内篇杂下》）

明者睹未萌，况已著耶？　　（《后汉书·班超传》）

岁亦无恙耶？　　　　　　　（《战国策·齐策四》）

不知天之弃鲁耶？抑鲁君有罪于鬼神故及此也？

（《左传·昭公二十六年》）

然 (一)

代词，常用来指代上文所说的内容，可译为“这样”等。
例如：

所以然者何？水土异也。　　（《晏子春秋·内篇杂下》）

物固莫不有长，莫不有短，人亦然。

（《吕氏春秋·用众》）

生而同声，长而异俗，教使之然也。

（《荀子·劝学篇第一》）

子无然！祸福无门，唯人所召。

（《左传·襄公二十三年》）

固

1. 副词，表示人的本性或客观情形的确实无疑，可译
为“本来”“生来”等。
例如：

齐人固善盗乎？　　　　　　（《晏子春秋·内篇杂下》）

臣固知王之不忍也。　　　　（《孟子·梁惠王上》）

人固不易知，知人亦未易也。（《史记·范雎蔡泽列传》）

人固有一死，死有重于泰山，或轻于鸿毛，用之所趋异
也。　　　　　　　　　　　　（《汉书·司马迁传》）

2. 副词，用在动词之前，表示态度坚决、肯定，可译为
“坚定地”“坚决地”等。
例如：

蔺相如固止之。　　　　　　（《史记·廉颇蔺相如列传》）

大司马固谏曰：“天之弃商久矣，君将兴之，弗可赦也
已。”　　　　　　　　　　　　（《左传·僖公二十二年》）

前朝恩封三子为侯，固辞不受。

103

（《曹操全书·让县自明本志令》）

梁使三反，孟尝君固辞不往也。（《战国策·齐策四》）

基础语法

使动用法（三）

名词的使动用法

在古代汉语中，名词也可以和它后面的宾语构成使动关系，使宾语所表示的人或事物发生变化，或者使宾语具有名词所表示的身份、状态，或者使宾语按名词所表示的方位变化、行动，翻译成现代汉语时，也要适当增加"让""使""叫"等使役性词语。

例如：

纵江东父兄怜而王我，我何面目见之？

（《史记·项羽本纪》）

尔欲吴王我乎？　　　　　　（《左传·定公十年》）

齐威王欲将孙膑。　　　　（《史记·孙子吴起列传》）

故扁鹊不能肉白骨，微箕不能存亡国也。

（《盐铁论·非鞅》）

故王不如东苏子，秦必疑齐而不信苏子矣。

（《史记·苏秦列传》）

译文

晏子出使楚国。楚王听说了这个消息，就对手下的臣子们说："晏婴，是齐国最擅长辞令的。现在他正准备来楚国，我想羞辱羞辱他，有什么办法呢？"手下的臣子回答说："如果他来了，请您允许我们捆绑着一个人，从您面前走过去，大王您问：'这个人是做什么的人啊？'我们就回答说'他是齐国人。'大王又问：'他犯了什么罪？'我们接着就回答：'他犯了偷东西的罪。'"

晏子来了，楚王赐给晏子酒喝。喝酒喝得很尽兴的时候，有两个差役绑着一个人到了国王面前。楚王说："被捆绑的人是做什么的？"回答说："他是齐国人，犯了偷东西的罪。"

楚王看了看晏子说："齐国人生来就擅长偷东西吗？"晏子离开座席郑重回答说："我听说过这样的话：橘树生长在淮河的南边就是橘树，生长在淮河的北边却变成了枳树，这两种树只是叶子相像，它们的果实味道却不同。之所以这样的原因是什么呢？那是因为它们生长的环境不一样啊。如今老百姓生长在齐国时不偷东西，进入楚国就偷东西，恐怕是楚国的环境让老百姓擅长偷东西的吧？"楚王尴尬地笑了笑，说："圣人不是可以和他开玩笑的人，我反而是自讨没趣了。"

练习

一、根据课文，回答问题：

　　1. 楚王想用什么办法来羞辱晏子？

　　2. 晏子是如何反击楚王的？

　　3. 最后的结局如何？是楚王羞辱了晏子，还是晏子羞辱了楚王？

　　4. 汉语中，哪个成语和这段课文有关系？你明白它的意思吗？

二、依据原文来排列句子的顺序，并给排列好的语句加上正确的标点符号：

　　A. 为其来也

　　B. 对曰齐人也

　　C. 曰坐盗

　　D. 臣请缚一人

　　E. 王曰曷为者也

　　F. 过王而行

　　G. 王曰：何坐

　　正确的句子顺序是＿＿＿＿＿＿＿＿＿＿＿＿＿＿＿＿＿
　　请将排列好的语句加上正确的标点符号写在下面：

三、解释下列各句中加点词语的意义：

　　1. 齐人也，坐盗。

　　2. 齐人固善盗乎？

3. 圣人非所与熙也，寡人反取病焉。

4. 今方来，吾欲辱之，何以也？

5. 为其来也，臣请缚一人，过王而行。

6. 王曰："曷为者也？"

四、翻译下面这段话，并解释加点词语的意义：

　　婴闻之：橘生淮南则为橘，生于淮北则为枳，叶徒相似，其实味不同。所以然者何？水土异也。今民生长于齐不盗，入楚则盗，得无楚之水土使民善盗耶？

五、阅读下面的短文，并回答问题：

1. 叶公子高喜欢龙吗？为什么？

2. 叶公见到天上的龙以后有什么反应？

3. 叶公喜欢什么样的龙？请用文章中的句子来回答。

4. 成语"叶公好龙"的意思你明白了吗？请试着用这个成语说一句话。

叶公好龙

刘向《新序·杂事五》

　　叶公子高好龙[1]，钩以写龙[2]，凿以写龙[3]，屋室雕文以写龙[4]。于是天龙闻而下之[5]，窥头于牖[6]，施尾于堂[7]。叶公见之，弃而还走[8]，失其魂魄[9]，五色无主[10]。是叶公非好龙也[11]，好夫似龙而非龙者也[12]。

注释

1. 叶公子高：春秋时叶国的国君，子高是他的名字。

好：hào，喜好，喜欢，动词。龙：古文字写作 　　 ， 　　 ，

　　 ， 　　 ，像人们想象中的龙的形象。龙为古代传说中的一种神异动物，有鳞、有须、有角，能兴云作雨。

龙

2. 钩：衣带钩。以：来，用来。写：描画，刻画。

龙带钩

3. 爵：jué，通"爵"，"爵"古文字写作 ，像
酒盏、酒杯之形。

凤鸟纹爵

4. 屋室：堂屋和内室，古时前堂后室。这里泛指房屋。

文：古文字写作 ![古文字] ，本义为人身体上的纹饰、花纹，这个意义后来写作"纹"。雕文：雕刻的花纹。

5. 于是：因此，所以。天龙：天上的龙。下：古文字写作 ![古文字] ，以点或短横指示下方的位置。这里名词活用为动词，从天上下来。闻而下之：听说了这件事以后就从天而降来到叶公这里。

6. 窥：kuī，从孔洞或者缝隙观察、探望。于：从。牖：yǒu，窗户。

7. 施：yǐ，通"迆""迤"，延展，伸展。尾：古文字写作 ![古文字] ，像尾巴之形。施尾：伸展尾巴，伸长尾巴。于：到，在。堂：本义为有台基的正室，这里指宫殿，殿堂。

8. 弃：本义为抛弃、扔掉，这里指丢下。还：huán，转身。走：逃跑，跑开。

9. 魂：hún，灵魂。魄：pò，指人的精气。魂魄：俗指能附在人体内、也能离开人体而存在的精神或灵气，并认为人有三魂七魄，总称魂魄。

10. 五色：多种颜色，这里指叶公由于受到惊吓而脸色变来变去。主：控制，支配。无主：不能控制，不能支配。

11. 是：指示代词，这个。

12. 夫：fú，用于句中，起舒缓语气的作用。似：好像，像。似龙而非龙者：像龙可又不是真龙的东西。

第十三课

课文

邹忌讽齐王纳谏

《战国策·齐策一》

邹忌修八尺有余[1]，而形貌昳丽[2]。朝服衣冠窥镜[3]，谓其妻曰："我孰与城北徐公美[4]？"其妻曰："君美甚[5]，徐公何能及君也[6]！"城北徐公，齐国之美丽者也。忌不自信，而复问其妾曰[7]："吾孰与徐公美？"妾曰："徐公何能及君也！"旦日[8]，客从外来。与坐谈[9]，问之[10]："吾与徐公孰美？"客曰："徐公不若君之美也[11]。"

明日，徐公来，孰视之[12]，自以为不如。窥镜而自视，又弗如远甚[13]。暮寝而思之[14]，曰："吾妻之美我者[15]，私我也[16]；妾之美我者，畏我也[17]；客之美我者，欲有求于我也[18]。"

于是入朝见威王[19]，曰："臣诚知不如徐公美[20]。臣之妻私臣[21]，臣之妾畏臣，臣之客欲有求于臣，皆以美于徐公[22]。今齐地方千里[23]，百二十城[24]，宫妇左右[25]，莫不私王[26]；朝廷之臣，莫不畏王；四境之内[27]，莫不有求于王。由此观之[28]，王之蔽甚矣[29]！"王曰："善。"乃下令[30]："群臣吏民[31]，能面刺寡人之过者[32]，受上赏[33]；上书谏寡人者[34]，受中赏；能谤讥于市朝[35]，闻寡人之耳者[36]，受下赏。"

令初下[37]，群臣进谏[38]，门庭若市[39]。数月之后，时时而间进[40]。期年之后[41]，虽欲言[42]，无可进者。燕、赵、韩、魏闻之[43]，皆朝于齐[44]，此所谓战胜于朝廷[45]。

作品作者人物简介

《战国策》：又称《国策》，是战国末年和秦汉间人编辑的一部国别体的历史著作。主要记载了战国时期各国谋臣、策士游说诸侯或进行谋议、论辩时的政治主张，以及相关的历史故事，也记述了一些豪侠义士不畏强暴、勇于斗争的事迹。后经汉代刘向整理编辑，定名为《战国策》，共三十三篇。

注释

1. 邹忌：战国时齐国人，曾任齐相。修：长，这里指身高。八尺有余：八尺还多。战国时的一尺相当于现在的二十三厘米，八尺约合现在的一百八十四厘米，即一米八四。

2. 而：并且，而且，同时。形貌：外形，相貌。昳丽：帅气出众。昳：yì，神采焕发，容貌美丽。

3. 朝：zhāo，古文字写作 ，，早上，早晨。服：穿戴，动词。衣：古文字写作 ，，，像衣服之形。冠：guān，古文字写作 ，人戴帽子的形象，指帽子。衣冠：指衣服和帽子。窥镜：照镜子。

4. 孰：shú，谁，哪一个。

5. 甚：很，极，非常。

6. 及：古文字写作 ，，，一只手抓到前面的人，表示"赶得上""比得上"的意思。

7. 妾：qiè，古文字写作 ，，过去男子在妻子之外另娶的女人，地位相对较低。

8. 旦：古文字写作 ，，以太阳升起在地平线上示义，代表新的一天开始，本义为早上、早晨。旦日：第二天。

9. 与：和，跟。坐谈：坐下来说话。

10. 之：指代客人。

11. 若：像，如，及。之：主谓之间的虚词，取消句子的独立性。

12. 孰：古文字写作 ，这里指仔细地、反复地，此意义后来写作"熟"。

13. 弗：不。弗如：不如。

14. 暮：mù，古文字写作 ，日落于草中，即太阳落山，表示夜晚的意思。寝：qǐn，躺下休息、睡觉。

15. 美：以……为美，认为……帅气，形容词的意动用法。者：……的原因。

16. 私：偏爱。

17. 畏：古文字写作 ，害怕，畏惧。

18. 于：向，对。

19. 朝：cháo，朝廷。见：古文字写作 ，睁大眼睛看，这里指拜见。威：古文字写作 ，威力，威风。威王：齐威王，当时齐国的国君。"威"是他的谥号。

20. 诚：真的，确实。

21. 之：助词，的。

22. 以：认为。于：比。美于徐公：比徐公美。

23. 方：方圆，面积。地方：土地面积。这里的"地方"虽然写在一起，但却是两个词，和现代汉语双音词"地方"的意义不同，诵读和翻译时需要特别注意。

24. 百二十城：一百二十座城池。

25. 宫：古文字写作 ，像宫室之形。宫妇：宫中的女人，这里指君王的后妃。左右：指君王身边的奴仆。

26. 莫：没有谁，没有人。

27. 四境之内：四方边境之内，指代整个国家的人民。

28. 由：从。由此观之：从这一点来看，从这一点来分析。

29. 之：主谓之间的虚词，取消句子的独立性。蔽：bì，本义为遮盖、掩盖，这里指被蒙蔽、受蒙蔽。

30. 乃：于是，就。下：颁布。令：古文字写作 ，命令。下令：颁布命令。

31. 臣：古文字写作 ，以竖目表恭顺、臣服之义，本义为臣子。群臣：各位大臣。吏：lì，官吏。春秋以前，大小官都可以称为吏，战国以后一般指低级的官。民：古文字写作 ，这里指民众，百姓。

32. 面：古文字写作 ，像脸面之形，这里指"当面"，名词作状语。刺：古文字写作 ，荆刺之形，这里指斥责、指责、批评。面刺：面对面地批评，当面指责。过：过失，过错。

33. 受：即"授"，古文字写作 ，把手中的东西给别人，这里指给予、授予。上：古文字写作 ，以点或短横指示上面的位置。上赏：上等的奖赏。与下文的"中赏""下赏"相对应，分别指上等、中等、下等三种不同的奖励级别。

34. 书：本义指书信，这里指臣子给君王的书面奏章。上书：给君王写奏章。谏：劝说，劝告。一般指规劝君主、尊长或朋友，使之改正过错。

35. 谤讥：bàng jī，议论，指责。于：在。市朝：shì cháo，指公共场所，人群聚集的地方。

36. 闻：古文字写作 ，以手附耳仔细听。耳：古文字写作 ，像耳朵之形。闻寡人之耳：即"闻于寡人之耳"。字面的意思是被我的耳朵听到，这里指传到我的耳中，让我听到。

37. 初：古文字写作 ＿＿，＿＿。这里指刚刚、开始。

38. 进：进献。进谏：进献谏言、谏书，即给君王提出建议和意见。

39. 门：古文字写作 ＿＿，＿＿，＿＿，双扇的大门，与"户"不同。门庭若市：门前和庭院中像集市一样热闹，形容来来往往的人众多，非常热闹。若：好像，如同。

40. 时时：时不时地。间：jiàn，断断续续地，隔三差五地。时时而间进：时不时地、断断续续地有人来建言献策。

41. 期年：一周年。期：jī。

42. 虽：即使。无：没有。无可进者：没有可以提的意见和建议了。

43. 燕、赵、韩、魏：当时的四个诸侯国，位于齐国的周边。

44. 朝：cháo，朝见，朝拜。于：到。

45. 此所谓：这就叫，这就是所谓的。战胜于朝廷：字面意思是在朝廷上战胜敌国。这里指不需用兵打仗，仅仅依靠君臣的修为就让敌国敬畏、顺从。

常用词与固定结构

孰

1. 疑问代词，用在比较句中，表示从提到的比较对象中任选其一，可译为"谁""哪一个"等。

例如：

我孰与城北徐公美？　　　　　　（《战国策·齐策一》）

吾孰与徐公美？　　　　　　　　（《战国策·齐策一》）

吾与徐公孰美？　　　　　　　　（《战国策·齐策一》）

父与夫孰亲？　　　　　　　　　（《左传·桓公十五年》）

女与回也孰愈？　　　　　　　　（《论语·公冶长》）

礼与食孰重？　　　　　　　　　（《孟子·告子下》）

2. 副词，用在动词前面，表示"仔细地""周详地"等意义，这个意义后来写作"熟"。

例如：

明日，徐公来，孰视之，自以为不如。

（《战国策·齐策一》）

愿孰察之。　　　　　　　　（《商君书·更法》）

故愿大王孰计之也。　　　（《史记·苏秦列传》）

兼权之，孰计之。　　　　　　（《荀子·不苟》）

甚

1. 副词，用于动词前或形容词前后，表示程度深，可译为"很""极""非常"等。

例如：

君美甚，徐公何能及君也！　（《战国策·齐策一》）

久之，目似瞑，意暇甚。　（《聊斋志异·狼三则》）

窥镜而自视，又弗如远甚。　（《战国策·齐策一》）

途遇两狼，缀行甚远。　（《聊斋志异·狼三则》）

宋人有酤酒者，升概甚平，遇客甚谨，为酒甚美，县帜甚高著。　　　　　（《韩非子·外储说右上》）

2. 形容词，在句子中直接作谓语，表示程度深，可译为"厉害""严重"等。

例如：

由此观之，王之蔽甚矣！　（《战国策·齐策一》）

盗暴尤甚。　　　（《河东先生集·永某氏之鼠》）

太后曰："丈夫亦爱怜其少子乎？"对曰："甚于妇人。"

（《战国策·赵策四》）

诚

副词，表示事实准确无误，可译为"确实""实在"等。

例如：

臣诚知不如徐公美。　　　（《战国策·齐策一》）

诚恐己离兵为人所祸也。

（《曹操全书·让县自明本志令》）

相国诚善楚太子乎？ （《史记·春申君列传》）

今天下三分，益州疲弊，此诚危急存亡之秋也。

（《三国志·蜀书·诸葛亮传》）

基础语法

比较句（二）

1. A 与 B 孰……/A 孰与 B……

古代汉语中，疑问代词"孰"和介词"与"相搭配也可以表示比较，一般构成"A 与 B 孰＋比较的内容""A 孰与 B＋比较的内容"或"A 孰与 B"的结构，其中 A 与 B 为两个互相比较的对象。该结构意在用疑问的方式比较人或事的高下得失，可以翻译为"A 和 B 比，哪一个（更）＋比较的内容"或"A 和 B 比，哪一个（更）好/出色"。

例如：

吾与徐公孰美？ （《战国策·齐策一》）

父与夫孰亲？ （《左传·桓公十五年》）

我孰与城北徐公美？ （《战国策·齐策一》）

吾孰与徐公美？ （《战国策·齐策一》）

将三军，使士卒乐死，敌国不敢谋，子孰与起？

（《史记·孙子吴起列传》）

从天而颂之，孰与制天命而用之？ （《荀子·天论》）

2. A 不如/无如/弗如 B　　A 不若/弗若/莫若 B

　　A 似/不似 B

古代汉语中，也可以用"如""若""似"及它们的否定形式来表示比较。

例如：

天时不如地利，地利不如人和。（《孟子·公孙丑下》）

察邻国之政，无如寡人之用心者。（《孟子·梁惠王上》）

窥镜而自视，又弗如远甚。 （《战国策·齐策一》）

公之视廉将军孰与秦王？曰：不若也。

（《史记·廉颇蔺相如列传》）

徐公不若君之美也。 （《战国策·齐策一》）

虽与之俱学，弗若之矣。 （《孟子·告子上》）

闻道百，以为莫己若者，我之谓也。（《庄子·秋水》）

今年衰似去年些。

（《刘克庄集笺校·浪淘沙·纸帐素屏遮》）

此其自多也，不似尔向之自多于水乎？（《庄子·秋水》）

译文

邹忌身高八尺多，同时长相帅气不俗。一天早晨，他穿戴好衣帽，照着镜子，对他的妻子说："我和住在城北的徐公比，谁更帅气好看？"他的妻子说："您好看极了，徐公哪儿能比得上您呢！"住在城北的徐公，是齐国的美男子。邹忌不相信自己比徐公好看，接着又去问他的妾说："我和徐公比谁更好看？"妾回答说："徐公怎么能赶上您呢！"第二天，有位客人从外边来拜见邹忌。邹忌和他坐下来谈话，又问他："我和徐公比谁更好看？"客人回答说："徐公不如您好看。"

又过了一天，徐公来了，邹忌反复地端详他，自认为不如徐公好看。再照镜子打量自己，更觉得自己和徐公比差得远。晚上躺在床上想这件事，说："我的妻子认为我好看，是因为她偏爱我；我的妾认为我好看，是因为她害怕我；客人认为我好看，是因为他想寻求我的帮助啊。"

于是邹忌上朝拜见齐威王，说："我确实知道自己不如徐公好看。可是我的妻子偏爱我，我的妾惧怕我，我的客人想寻求我的帮助，都认为我比徐公好看。现在齐国的土地方圆千里，有一百二十座城池，宫中的嫔妃、奴婢，没有谁不偏爱您；朝廷中的大臣，没有谁不惧怕您；全国的百姓，没有谁不想寻求您的帮助。从这一点来看，大王您应该被蒙蔽得很厉害了！"齐威王说："您说得好！"于是就颁布命令："各位大臣、官吏和百姓，能够当面指责我的过错的，我给他上等的奖励；给我写书面奏章劝说我的，我给他中等的奖励；能够在公共场所批评、议论我的过失，让我听到的，我给他下等的奖励。"

命令刚刚颁布，各位大臣都来建言献策，朝廷的门前、庭院之中就像闹市一样热闹。几个月以后，还不时地、断断续续地有人来劝谏。一年以后，即使想提意见和建议，也没有可以提的了。燕、赵、韩、魏等国听说了这件事，都到齐国来朝见齐王，这就是所谓的在朝廷上战胜了敌国。

练习

一、根据课文，回答问题：

1. 妻子、妾和客人为什么都说邹忌比徐公漂亮？

2. 通过与徐公比美这件事，邹忌得到了什么启示？

3. 听了邹忌的劝告，齐威王颁布了什么命令？

4. 你对"战胜于朝廷"这句话怎么理解？

二、解释下列各句中加点词语的意义：

1. 邹忌修八尺有余，而形貌昳丽。

2. 朝服衣冠窥镜。

3. 谓其妻曰："我孰与城北徐公美？"

4. 明日，徐公来，孰视之，自以为不如。

5. 于是入朝见威王。

6. 臣诚知不如徐公美。

7. 皆以美于徐公。

8. 今齐地方千里，百二十城。

9. 四境之内，莫不有求于王。

10. 由此观之，王之蔽甚矣！

11. 上书谏寡人者，受中赏。

12. 数月之后，时时而间进。

三、解释下列各句中加点词语的意义和用法，并翻译全句：

1. 吾妻之美我者，私我也。

2. 群臣吏民，能面刺寡人之过者，受上赏。

3. 我孰与徐公美？

四、依据原文，排列句子顺序：

A. 群臣进谏

B. 数月之后

C. 虽欲言

D. 令初下

E. 时时而间进

F. 期年之后

G. 门庭若市

H. 无可进者

正确的排列顺序是＿＿＿＿＿＿＿＿＿＿

五、阅读下面的短文，并回答问题：

1. 晋平公问了师旷什么问题？

2. 师旷有没有和晋平公开玩笑？

3. 师旷是怎么回答晋平公的？

炳烛之明

刘向《说苑·建本》

晋平公问于师旷曰[1]："吾年七十，欲学，恐已暮矣[2]。"师旷曰："何不炳烛乎？[3]"平公曰："安有为人臣而戏其君乎？[4]"师旷曰："盲臣安敢戏君乎！[5]臣闻之[6]：少而好学[7]，如日出之阳[8]；壮而好学[9]，如日中之光[10]；老而好学，如炳烛之明[11]。孰与昧行乎？[12]"平公曰："善哉！[13]"

注释

1. 晋平公：春秋时期晋国国君，晋悼公之子。于：对，向。师旷：乐师，名旷，世称"师旷"。

2. 恐：恐怕。暮：古文字写作 𣎟，𣊟，夕阳西下，本义为傍晚，这里表示晚、迟之义。

3. 何：为什么。炳：点燃。烛：烛火。炳烛：点燃烛火照明。

4. 安：哪里，怎么。戏：开玩笑，耍弄，戏耍。

5. 盲：眼睛看不见。盲臣：眼睛看不见的臣子。因为师旷是个盲人，所以他自称"盲臣"。

6. 闻：听到，听说。之：这样的话。

7. 少：shào，年纪轻，年少。好：hào，动词，喜欢，喜好。

8. 阳：阳光，光线，光亮。

9. 壮：壮年，古人三十岁称壮。

10. 日中：太阳运行到天的正中，指中午时分。

11. 明：古文字写作 ，，光明，光亮。

12. 孰与：和……比，哪一个（更好）。昧：mèi，昏暗不明。昧行：在黑暗中行走，摸黑走路。

13. 善：好，对。善哉：说得好啊，说的对啊。

第十四课

课文

寡人之于国也

《孟子·梁惠王上》

梁惠王曰[1]："寡人之于国也，尽心焉耳矣[2]：河内凶[3]，则移其民于河东[4]，移其粟于河内[5]；河东凶亦然[6]。察邻国之政[7]，无如寡人之用心者[8]。邻国之民不加少[9]，寡人之民不加多，何也[10]？"

孟子对曰[11]："王好战，请以战喻[12]。填然鼓之[13]，兵刃既接[14]，弃甲曳兵而走[15]。或百步而后止[16]，或五十步而后止。以五十步笑百步[17]，则何如[18]？"

曰："不可，直不百步耳[19]，是亦走也。"

曰："王如知此[20]，则无望民之多于邻国也[21]。不违农时[22]，谷不可胜食也[23]。数罟不入洿池[24]，鱼鳖不可胜食也。斧斤以时入山林[25]，材木不可胜用也。谷与鱼鳖不可胜食，材木不可胜用，是使民养生丧死无憾也[26]。养生丧死无憾，王道之始也[27]。

"五亩之宅[28]，树之以桑[29]，五十者可以衣帛矣[30]。鸡、豚、狗、彘之畜[31]，无失其时[32]，七十者可以食肉矣。百亩之田，勿夺其时[33]，数口之家可以无饥矣[34]。谨庠序之教[35]，申之以孝悌之义[36]，颁白者不负戴于道路矣[37]。七十者衣帛食肉，黎民不饥不寒[38]，然而不王者[39]，未之有也[40]。

"狗、彘食人食而不知检[41]，涂有饿莩而不知发[42]。人死，则

农耕图

曰⁴³：'非我也，岁也⁴⁴。'是何异于刺人而杀之曰'非我也，兵也'⁴⁵？王无罪岁⁴⁶，斯天下之民至焉⁴⁷。"

注释

1. 梁惠王：战国时魏国的国君。因魏国都城在大梁（今河南开封市西北），所以魏又称梁，魏惠王也称梁惠王。

2. 焉耳矣：句末语气词连用，有加强判断语气的作用。

3. 河：黄河。河内：黄河北岸地区。凶：谷物收成不好，闹灾荒。

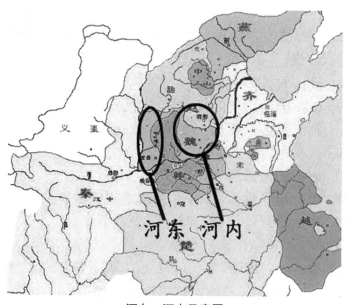

河东、河内示意图

4. 其：那儿的，那个地方的。于：到。河东：黄河以东地区。

5. 粟：sù，古文字写作 ，，像谷物之形，这里泛指粮食作物。

6. 亦：也。然：这样。

7. 察：考察。政：政治，国政。

8. 无：没有。如：如同，像……一样。

9. 加：更加，更。

10. 何也：为什么呢？什么原因呢？

121

11. 对：回答。

12. 以：用，拿。喻：打比方，举例子来说明。

13. 填：拟声词，拟敲鼓之声。然：助词，表状态。填然：咚咚地。鼓：古文字写作 ![古文字], ![古文字], ![古文字]，敲鼓，击鼓，动词。之：凑足音节，无实际意义，可不译。

14. 刃：古文字写作 ![古文字], ![古文字]，以点指示刀刃之所在，本义为刀刃，这里指代刀剑。兵刃：泛指兵器、武器。接：交接，接触。

15. 弃：丢弃，扔掉。甲：古文字写作 ![古文字], ![古文字]，铠甲，甲衣。曳：yè，拖拉，牵引。

16. 或：有人，有的人。

17. 以：因为。笑：嘲笑，讥笑。

18. 则：那么。何如：如何？怎么样？

19. 直：不过，只是。

20. 如：如果，假如。

21. 无：通"毋"，不要。望：希望，奢望。于：比。

22. 违：违背，违反。时：时令，节令。

23. 胜：shēng，完，尽。

24. 数：cù，细密，密。罟：gǔ，网。洿：wū，水不流动。一说凹陷低下。洿池：这里泛指池塘。

25. 斤：古文字写作 ![古文字], ![古文字]，像斧子的形状，斧子的一种。斧斤：泛指斧子。以：按照，依照。

26. 生：活，动词，与"死"相对。这里动词活用为名词，指活着的人。养生：供养活着的人。死：古文字写作 ![古文字], ![古文字]，活人守在死人尸骨旁，本义为死亡、死去，动词，这里动词活用为名词，指死去的人。丧：sāng，丧事，这里名词活用为动词，指"为……办丧事"。丧死：为死去的人办丧事。憾：hàn，遗憾，不满。

27. 王道：以仁义治天下，与"霸道"相对称。

28. 之：助词，可根据具体的上下文翻译成"的"，或者不译。下文"之畜""之田"中的"之",用法同此。宅：zhái，宅院。

29．树：种植，动词。以：介词，引介种植的对象，可译为"把"。桑：古文字写作 ，桑树之形，桑叶可以养蚕。

30．衣：yì，穿上，穿着，动词。帛：bó，丝织品，这里指用丝织品做的衣服。

31．豚：tún，小猪。彘：zhì，猪。畜：chù，家畜，牲畜。

32．时：时机，这里指家畜繁殖的时机。

33．勿：wù，不要。夺：古文字写作 ，手中抓着的鸟飞走了，表示失去的意思，这里指丧失、耽误。

34．饥：吃不饱，挨饿。

35．谨：jǐn，谨慎对待，认真从事。庠：xiáng，周代称学校为庠。序：殷商时代称学校为序。

36．申：反复说明，反复强调。孝：古文字写作 ，敬养父母。悌：tì，礼待兄长。义：道理，道义。

37．颁白者：头发花白的老人。颁：bān，通"斑"。负：背着。戴：头顶着。

38．黎：lí，通"黧"，黑色，这里指头发的颜色。黎民：头上无冠冕遮盖的人，也称"黎元"，泛指民众、百姓。寒：古文字写作 ，本指寒冷，这里指穿不暖、挨冻。

39．王：wàng，称王，成王，名词活用为动词。

40．未之有也：未有之也，宾语前置句，从来没有过这样的情况。

41．检：管束，约束。

42．涂：道路，这个意义后来写作"途"。莩：piǎo，通"殍"。饿莩：也写作"饿殍"，饿死的人。发：本义为拉开弓，这里指打开粮仓赈济灾民。

43. 则：却。

44. 岁：年成，年景，收成。

45. 是：这样做。于：跟，同。而：并且。

46. 罪：本义为罪过、过失，这里名词活用为动词，归罪，怪罪。

47. 斯：则，那么。至：古文字写作 ⚲，⚲，表示"到达""来到"之义，这里指归顺、归附。

常用词与固定结构

或

代词，指代人或物中的一部分，可译为"有的人""有的"等。

例如：

或百步而后止，或五十步而后止。（《孟子·梁惠王上》）

宋人或得玉，献诸子罕，子罕弗受。

（《左传·襄公十四年》）

人固有一死，死有重于泰山，或轻于鸿毛，用之所趋异也。
（《汉书·司马迁传》）

回视日观以西峰，或得日，或否。

（《惜抱轩诗文集·登泰山记》）

一夫不耕，或受之饥；一女不织，或受之寒。

（《汉书·食货志》）

亦

副词，表示类同关系，可译为"也"等。

例如：

河内凶，则移其民于河东，移其粟于河内；河东凶亦然。

（《孟子·梁惠王上》）

直不百步耳，是亦走也。　（《孟子·梁惠王上》）

夫子步亦步，夫子趋亦趋。　　　（《庄子·田子方》）

秦亦不以城予赵，赵亦终不予秦璧。

（《史记·廉颇蔺相如列传》）

今亡亦死，举大计亦死，等死，死国可乎！

（《史记·陈涉世家》）

无（一）

1. 副词，用在谓语前，表示对动作行为或存在事实的否定，可译为"没""没有""不"等。

例如：

察邻国之政，无如寡人之用心者。（《孟子·梁惠王上》）

自直之箭，自圆之木，百世无有一。（《韩非子·显学》）

行离理而不外危者，无之有也。　　（《荀子·正名》）

因令韩庆入秦，而使三国无攻秦。（《战国策·西周策》）

2. 副词，表示禁止，通"毋"，可译为"不要"等。

例如：

王如知此，则无望民之多于邻国也。

（《孟子·梁惠王上》）

鸡、豚、狗、彘之畜，无失其时，七十者可以食肉矣。

（《孟子·梁惠王上》）

王无罪岁，斯天下之民至焉。　　（《孟子·梁惠王上》）

不如早为之所，无使滋蔓。　　　（《左传·隐公元年》）

如

1. 动词，表示人物、事物的相似与类同，可译为"如同""像……一样"等。

例如：

察邻国之政，无如寡人之用心者。（《孟子·梁惠王上》）

不动如山。　　　　　　　　（《孙子兵法·军争》）

2. 连词，表示假设，可译为"如果""假如"等。

例如：

王如知此，则无望民之多于邻国也。

（《孟子·梁惠王上》）

如孔子知津，不当更问……如不知而问之，是不能先知。

（《论衡·知实》）

基础语法

宾语前置句 (三)

在由否定副词"未""不""无（毋）""莫"，无定代词"莫"构成的否定句中，宾语如果是人称代词或指示代词，往往前置，使之位于动词前否定词后。

例如：

然而不王者，未之有也。　　　（《孟子·梁惠王上》）

晋国之命，未是有也。　　　（《左传·襄公十四年》）

不患人之不己知，患不知人也。　　（《论语·学而》）

古之人不余欺也。　　（《苏东坡全集·石钟山记》）

我无尔诈，尔无我虞。　　（《左传·宣公十五年》）

宁信度，无自信也。　　（《韩非子·外储说左上》）

三岁贯女，莫我肯顾。　　（《诗经·魏风·硕鼠》）

子曰："莫我知也夫！"　　　（《论语·宪问》）

古者天下散乱，莫之能一。　　（《史记·秦始皇本纪》）

译文

梁惠王说："我对于国家，总算尽心尽力了。河内闹灾荒，我就把那里的百姓迁移到河东去，把河东的谷物转移到河内来；河东闹灾荒也是这样做的。考察邻国的国政，没有像我这样花心思的。然而，邻国的百姓没有更少，我的百姓没有更多，这是为什么呢？"

孟子回答说："大王您喜欢打仗，请允许我用打仗来做个说明。咚咚地敲响战鼓，双方的兵器都已经交接在一起了，打败的一方扔掉铠甲，拖着兵器逃跑。有的士兵逃跑了一百步然后停下来，有的士兵逃跑了五十步然后停下来，因为自己只跑了五十步就讥笑那些跑了一百步的，那么您觉得怎么样呢？"

梁惠王说："不可以。只不过没有跑到一百步罢了，这也是逃跑啊。"

孟子说："大王您如果明白这个道理，就不要指望自己的百姓比邻国多了。不违反农业生产的时令，谷物就会吃不完；网眼儿细密的渔网不进入到池塘里，鱼鳖之类的水产品就会吃不完；将斧子按照一定的季节带入山林中，木材就会用不完。谷物、水产吃不完，木材用不完，这样就可以让百姓无论是供养活着的人，还是为死了的人办丧事都不会有什么遗憾了。供养活着的人，为死了的人办丧事都没有什么遗憾了，这就是王道的开始。

"五亩大小的宅院，种上桑树，五十岁的人就可以穿上丝帛做的衣服了。鸡、猪、狗这类的家畜，不要耽误它们的繁殖时机，七十岁的人就可以吃上肉了。一百亩大小的田地，不要耽误它耕作的节令，人口多的人家也可以不挨饿了。认真谨慎地对待学校的教育，把敬养父母、礼待兄长的道理反复讲给学生听，那么须发花白的老人就不会身背、头顶重物行走在道路上了。七十岁的人能够穿上丝帛衣服，吃上肉，百姓不挨饿，不受冻，做到了这些可还不能让天下归顺而称王，这样的事从来没有发生过。

"贵族家的猪、狗吃了人的食物可是却不知道管束，道路之上有了饿死的人可是却不知道开仓赈济。人死了，却说：'这不是我的过错，是因为年景不好。'这和拿刀捅了人并且把人杀死后说'杀死人的不是我，是刀'有什么不同？大王您不要归罪年成，那么天下的百姓就都到您这儿来了。"

练习

一、根据课文，回答问题：

1. "五十步笑百步"这个成语是什么意思？请你讲一下它的来源。

2. 请你简单解说一下孟子所提倡的"王道"思想。

二、根据课文填空：

寅人_____国也，尽心_____：河内凶，_____移其民_____河东，移_____粟于河内；河东凶_____。察邻国_____政，无_____寅人_____用心_____。邻国之民不_____少，寅人之民不加多，_____？

三、给下面的古文加上标点符号并翻译：

孟 子 对 曰 王 好 战 请 以 战 喻 填 然 鼓 之 兵 刃 既 接 弃 甲 曳 兵 而 走 或 百 步

而后止或五十步而后止以五十步笑
百步则何如曰不可直不百步耳是亦
走也

四、解释下列各句中加点词语的意义：

1. 不违农时，谷不可胜食也。

2. 斧斤以时入山林，材木不可胜用也。

3. 五亩之宅，树之以桑，五十者可以衣帛矣。

4. 谨庠序之教，申之以孝悌之义，颁白者不负戴于道路矣。

5. 七十者衣帛食肉，黎民不饥不寒，然而不王者，未之有也。

6. 狗彘食人食而不知检，涂有饿莩而不知发。

7. 非我也，岁也。

8. 王无罪岁，斯天下之民至焉。

五、阅读下面的短文，并回答问题：

1. 文中的那五六个人为什么在涨了洪水的湘水中游泳？

2. "善游"的那个人为什么不能像平时一样，反而落在了后边？

3. 别的人见"善游"的人有危险，是怎么劝说他的？

4. 这个"善游"的人最后怎么样了？

永之氓

《河东先生集》

永之氓咸善游[1]。一日，水暴甚[2]，有五六氓乘船绝湘水[3]。中济[4]，船破，皆游，其一氓尽力而不能寻常[5]。其侣曰[6]："汝善游最也[7]，今何后为[8]？"曰："吾腰千钱[9]，重，是以后[10]。"曰："何不去之[11]？"不应[12]，摇其首。有顷[13]，益怠[14]。已济者立岸上呼且号曰[15]："汝愚之甚[16]！蔽之甚[17]！身且死[18]，何以货为[19]？"又摇其首，遂溺死[20]。

注释

1. 永：永州，今湖南零陵一带。氓：méng，泛指百姓。咸：全，都。

2. 暴：又猛又急。甚：极，很。

3. 绝：古文字写作 ，，以刀横断布匹表义，这里指横渡。

4. 济：渡河，过河。中济：渡到河中央。

5. 寻：古文字写作 ，，为长度单位，古时八尺为寻，十六尺为常。这里用"寻""常"来指距离短，并且名词活用为动词，指达到寻、常的距离，游到寻、常的长度。

6. 侣：lǚ，伙伴，同伴。

7. 最：表示程度高，可译为极、非常。

8. 后：落后，方位名词活用为动词。为：语气词，与"何"一起表疑问，可译为"呢"。

9. 腰：古文字写作 ，指人的腰部，这里名词活用为动词，指腰上装着、腰上带着。吾腰千钱：我腰上带了很多钱。钱：钱币。

10. 是以：因此。

11. 去：拿掉，拿开，丢掉。

12. 应：yìng，回答，应答。

13. 有顷：不久，时间不长。

14. 益：越发，更加。怠：dài，疲倦，疲乏。

15. 立：古文字写作 ，像人站立在地面之形。呼：呼唤，呼喊。且：又……又……。号：háo，大声喊叫。

16. 愚：糊涂，愚笨，不明事理。甚：厉害，严重。

17. 蔽：不明事理，不懂道理。

18. 且：将，将要。

19. 以：用，拿。货：钱，钱财。

20. 遂：最终，最后。溺：nì，被水淹没。溺死：淹死。

第十五课

课文

圯上敬履

良尝闲[1]，从容步游下邳圯上[2]。有一老父[3]，衣褐[4]，至良所[5]，直堕其履圯下[6]。顾谓良曰[7]："孺子[8]！下取履！[9]"良愕然[10]，欲殴之[11]。为其老[12]，强忍[13]，下取履。父曰："履我！[14]"良业为取履[15]，因长跪履之[16]。父以足受[17]，笑而去[18]。良殊大惊[19]，随目之[20]。父去里所[21]，复还[22]，曰："孺子可教矣[23]！后五日平明[24]，与我会此[25]。"良因怪之[26]，跪曰："诺。[27]"

五日平明，良往，父已先在，怒曰："与老人期[28]，后[29]，何也[30]？"去，曰："后五日早会！"

五日鸡鸣[31]，良往，父又先在，复怒曰："后，何也？"去，曰："后五日复早来！"

五日，良夜未半往[32]。有顷[33]，父亦来。喜曰："当如是[34]！"出一编书[35]，曰："读此则为王者师矣[36]。后十年兴[37]。十三年，孺子见我济北[38]，谷城山下黄石即我矣[39]。"遂去[40]，无他言[41]，不复见。

旦日，视其书[42]，乃《太公兵法》也[43]。良因异之[44]，常习诵读之[45]。

作品作者人物简介

《史记》：原称《太史公书》或《太史公记》，也有称《太史公》的。"史记"本来是古代史书的通称，从三国时期开始，才逐渐成为专名。《史记》共一百三十篇，包括十二本纪、三十世家、七十列传、十表、八书，记载了从黄帝到汉武帝长达三千多年的历史，是中国第一部纪传体通史，鲁迅先生称赞它是"史家之绝唱，无韵之离骚"。作者司马迁，字子长，夏阳（今陕西韩城）人，是中国古代伟大的史学家和文学家。

司马迁像

注释

1. 良：张良，字子房，河南颍川城父（今河南宝丰）人，秦末汉初杰出的谋士，与韩信、萧何并称为"汉初三杰"。尝：曾经。闲：闲暇无事。

2. 从容：悠闲自在，不急不忙。步：古文字写作,用两只脚一前一后表行走义，本义为步行。游：游玩，游览。下邳：地名，今江苏省睢宁县古邳镇。邳：pī。圯：yí，桥。

3. 父：fǔ，古文字写作,以手举杖示义，是对老年男子的尊称。

4. 衣：古文字写作,像衣服的样子，这里读作yì，名词活用为动词，穿，穿着。褐：hè，粗布衣服。

5. 所：处所，地方。

6. 直：有意的，故意的，特意的。堕：duò，掉，落。履：lǚ，鞋。

7. 顾：回头看，转过头看。

8. 孺子：儿童，小孩子。这里是老者对张良不客气的称呼，可以翻译成"小子"。

9. 下：古文字写作 ，，本义指下面，这里方位名词活用为动词，下去，到下面去。

10. 愕然：吃惊的样子，惊呆了。

11. 殴：击打，捶打。

12. 为：因为，由于。

13. 强：qiǎng，勉强。

14. 履：lǚ，名词活用为动词，穿鞋。这里是为动用法，为……穿鞋，给……穿鞋。履我：给我穿上鞋。

15. 业：已经，已然。为：介词，替，给。

16. 因：于是，就。长跪：古时的一种跪姿，直身而跪，也称"跽"。古时席地而坐，坐时两膝据地，以臀部着足跟。长跪则伸直腰股，以示恭敬或警惕。

坐姿　　　　　　箕踞　　　　　　跪姿　　　　　　跽姿

17. 以：用，拿。以足受：用脚来接受，这里指的是老父伸出脚来等着张良给他穿鞋。

18. 去：古文字写作 ，，像一个人离开住处，本义为离开、离去。

19. 殊：特别。大：很，非常。

20. 随：跟随，追随。目：古文字写作 ，，，像眼睛之形，这里名词活用为动词，看。随目之：指用眼睛盯着看，目送。

21. 所：大约，大概。用在数量词后面，表示大概的数目。里所：大约一里的距离。

22. 复：再，又。还：huán，回来。

23. 教：jiào，古文字写作 ![古文字], ![古文字]，教育，教化，教导。

24. 平明：天刚亮的时候，十二时辰之一。

25. 会：会面，见面。

26. 因：于是，因此。怪之：觉得这件事很奇怪。怪：以……为怪，觉得……奇怪。

27. 诺：应答之词，表示同意，可翻译成"好的""好吧"。

28. 期：约会，约定。

29. 后：后面，名词。此处方位名词活用为动词，落到后面，落在后面。这里指晚到。

30. 何：为什么。

31. 鸡鸣：鸡叫，一般指天明之前，十二时辰之一。

32. 夜半：夜里十二点前后，十二时辰之一。夜未半：不到半夜。

33. 顷：qǐng，短时间。有顷：过了一会儿，过了不久。

34. 当：应当，应该。是：代词，这样。如是：像这样。

35. 出：古文字写作 ![古文字], ![古文字], ![古文字]，像人走出家门，这里指拿出。编：古时用来串联竹简的皮条或绳子。古人书写文字在竹木片上，然后按照顺序用绳子将它们编结在一起，形成书籍。一编书：指一部书。

36. 则：就，就会。

37. 兴：古文字写作 ![古文字], ![古文字], ![古文字]，四只手抬起一个物件，本义为抬起，这里指兴起、有作为、事业发展起来。

38. 济北：地名。

39. 谷城山：山名，位于今天山东省平阴县西南。即：就是。

40. 遂：于是，就。

41. 言：古文字写作 ![古文字], ![古文字]，言语，言辞。无他言：没有别的话。

42. 旦日：太阳出来以后，天亮以后。其：那。

43. 乃：是，竟然是。《太公兵法》：传说为中国古代著名兵书，为姜太公所著。

44．异：奇异，怪异。异之：觉得……非同一般，觉得……不可思议。

45．习：古文字写作 ，本义为鸟反复拍动翅膀学飞翔。这里指反复、多次。诵读：熟读，背诵。

常用词与固定结构

为（一）

　　介词，读 wèi，用以介绍动作行为的原因、目的以及所涉及的对象，可译为"因为""为了""替""给""对""向"等。

例如：

　　良愕然，欲殴之，为其老，强忍，下取履。

（《史记·留侯世家》）

　　谁习计会，能为文收责于薛者乎？

（《战国策·齐策四》）

　　乃臣所以为君市义也。　　（《战国策·齐策四》）

　　先生所为文市义者，乃今日见之！

（《战国策·齐策四》）

　　天行有常，不为尧存，不为桀亡。　（《荀子·天论》）

　　今子弟远劳于外，人主为之夙夜不宁。

（《盐铁论·忧边》）

　　此人一一为具言所闻，皆叹惋。

（《陶渊明集·桃花源记》）

　　此中人语云："不足为外人道也。"

（《陶渊明集·桃花源记》）

因（一）

　　1．副词，表示前后动作相因或相承的关系，可译为"于是""就"等。

例如：

　　良业为取履，因长跪履之。　　（《史记·留侯世家》）

起，矫命以责赐诸民，因烧其券，民称万岁。

（《战国策·齐策四》）

秦军解，因大破之。　　　（《史记·高祖本纪》）

虎因喜，计之曰："技止此耳！"

（《河东先生集·黔之驴》）

2. 介词，引介动作、行为发生的原因，可译为"因为""因此"等。

例如：

良因怪之，跪曰："诺。"　　（《史记·留侯世家》）

良因异之，常习诵读之。　　（《史记·留侯世家》）

昔人有因噎而废食者，又有惧溺而自沉者，其为矫枉防患之虑，岂不过哉？

（《唐陆宣公集·奉天请数对群臣兼许令论事状》）

鼠，子神也，因爱鼠，不畜猫犬。

（《河东先生集·永某氏之鼠》）

恩所加则思无因喜以谬赏，罚所及则思无因怒而滥刑。

（《旧唐书·魏征传》）

所 (二)

用在数量词后面，表示大概的数目，和"许"的用法相似。可以翻译成"大约""大概""左右""上下"等。

例如：

父去里所，复还。　　　　　（《史记·留侯世家》）

从弟子女十人所，皆衣缯单衣，立大巫后。

（《史记·滑稽列传》）

前，未到匈奴陈二里所，止。（《史记·李将军列传》）

皆生毛，长一寸所。　　　　（《汉书·郊祀志》）

基础语法

为动用法

所谓为动用法指的是谓语所具有的动作行是为宾语所表示的人或事物发出的，翻译时可以加"替""为"，构成"替

＋宾语＋谓语"或者"为＋宾语＋谓语"的结构来理解。
例如：

父曰："履我！"良业为取履，因长跪履之。

（《史记·留侯世家》）

蹇叔哭之，曰："孟子，吾见师之出，而不见其入也。"

（《左传·僖公三十二年》）

晋解张御郤克。　　　　（《左传·成公二年》）

文嬴请三帅。　　　　（《左传·僖公三十三年》）

今朕夙兴夜寐，勤劳天下，忧苦万民。

（《汉书·文帝纪》）

伯夷死名于首阳之下，盗跖死利于东陵之上。

（《庄子·骈拇》）

是使民养生丧死无憾也。　　（《孟子·梁惠王上》）

译文

张良曾经有一段时间不太忙，他悠闲地在下邳的一座桥上散步游玩。有一位老人，穿着粗布衣服，来到张良所在的地方，故意把他所穿的鞋掉落到桥的下面，回过头对张良说："小子！下去把我的鞋捡上来！"张良对老人的无礼感到很吃惊，想把他揍一顿，因为看他年纪大了，勉强地忍耐了下来，下去把老人的鞋捡了回来。老人又说："把鞋给我穿上！"张良已经替老人捡回了鞋，于是就跪在地上为老人穿鞋。老人伸出脚来让张良为自己把鞋穿上，笑了笑就离开了。张良特别吃惊，就一直盯着老人离开。老人离开一里左右，又返回来，对张良说："你小子是可以教化的！五天以后天亮时，到这里来跟我见面吧。"张良因为觉得今天发生的事很怪异，于是跪在地上答应说："好吧。"

五天以后天亮的时候，张良去了桥上，老人已经先等在那里了，老人很生气，说："和老人约会，晚到，怎么能这样呢？"老人离开时，告诉张良："五天以后早点儿来和我见面！"

五天以后鸡刚刚打鸣，天还没亮，张良就去桥上了，老人又先等在那里了，老人再一次生气地说："又晚到，为什么？"说完离开，再一次告诉张良："五天以后再早一点儿来见我！"

五天以后，张良在还没到半夜时就到了桥上，过了一会儿，老人也到了。老人高兴地说："就应该这样嘛！"老人拿出一部书交给张良，说："读了这部书，就可以辅佐帝王成就大业了。十年以后你会成就一番事业。十三年以后你到济北来见我，谷城山下黄石公就是我啊。"说完老人就离开了，再没有其他的话，从此以后也没有再和张良见过面。

天亮以后张良翻看那部书，竟然是《太公兵法》。张良因为觉得这部书非同一般，所以就经常反复研读它。

练习

一、根据课文，回答问题：

1. 张良为什么"愕然"？他想怎么做？

2. 老人为什么故意把鞋掉到桥下去，还要叫张良捡回来给他穿上？

3. 一连两次，老人见到张良为什么生气？

4. 老人把什么送给了张良？张良喜欢吗？

二、翻译下列各句，并解释加点词语的意思：

1. 有一老父，衣褐，至良所。

2. 直堕其履圮下，顾谓良曰："孺子，下取履！"

3. 父曰："履我！"

4. 良业为取履，因长跪履之。

5. 良殊大惊，随目之。

6. 父去里所，复还。

7. 与老人期，后，何也？

8. 有顷，父亦来。喜曰："当如是。"

9. 良因异之，常习诵读之。

三、指出下列各句加点词语的意义和用法：

1. 父曰："履我！"

2. 良业为取履，因长跪履之。

3. 孺子，下取履！

4. 与老人期，后，何也？

5. 良殊大惊，随目之。

6. 良因怪之，跪曰："诺。"

四、给下列各句中加点的字注音：

1. 有一老父（　　），衣（　　）褐，至良所。

2. 为（　　）其老也，强（　　）忍，下取履。

3. 父曰："履（　　）我！"良业为取履（　　），因长跪履（　　）之。

4. 父去里所，复还（　　）。

5. 居数月，其马将（　　）胡骏而归。

五、阅读下面的短文，并回答问题：

1. 塞翁家的马走失了，人们怎么看这件事？塞翁又怎么看？

2. 意外得到胡人的骏马，这是件好事吗？为什么？

3. 塞翁的儿子骑马摔断了腿，这是坏事吗？为什么？

4. 你怎么理解"塞翁失马，安知非福"这句成语的意思？试着谈谈你的想法。

塞翁失马

《淮南子·人间训》

近塞上之人有善术者[1]，马无故亡而入胡[2]，人皆吊之[3]。其父曰[4]："此何遽不为福乎[5]？"居数月，其马将胡骏而归[6]。人皆贺之[7]，其父曰："此何遽不为祸乎[8]？"家富良马[9]，其子好骑，堕而折其髀[10]，人皆吊之。其父曰："此何遽不为福乎？"居一年，胡人大入塞[11]，丁壮者引弦而战[12]，近塞之人，死者十九[13]。此独以跛之故[14]，父子相保[15]。

注释

1. 塞：边塞，边境。术：占卜，算命。

2. 马：古文字写作 ![字形] ，像马之形。无故：无缘无故，不知道什么原因。亡：走失，走丢。胡：西北的少数民族。

3. 吊：慰问，安慰。

4. 其：那，那个。父：fǔ，对老年男人的尊称。其父：那个老伯，那个老者。

5. 遽：jù，就。何遽：为什么就，怎么就。

6. 将：jiàng，带领，带着。骏：良马，好马。

7. 贺：祝贺，向……道喜。

8. 祸：不幸，灾祸。

9. 富：多。

10. 堕：duò，落下，掉下。折：古文字写作 ![字形] ，断。髀：bì，大腿。

11. 入：侵入，进犯。大入塞：大举进犯边境地区。

12. 丁壮者：成年男人。引弦：拉弓射箭，这里指参加战斗。

13. 十九：十个人里有九个，即十分之九。

14. 此：这个人。独：单单。跛：bǒ，腿瘸。故：原因，缘故。

15. 保：古文字写作 ![字形] ，本义为抚养、照顾孩子，这里指保住性命、保全性命。

第十六课

课文

黔之驴

《河东先生集》

　　黔无驴[1]，有好事者船载以入[2]，至则无可用[3]，放之山下[4]。虎见之，庞然大物也[5]，以为神。蔽林间窥之[6]，稍出近之[7]，慭慭然莫相知[8]。

　　他日[9]，驴一鸣[10]，虎大骇[11]，远遁[12]，以为且噬己也[13]，甚恐。然往来视之[14]，觉无异能者[15]。益习其声[16]，又近出前后，终不敢搏[17]。稍近，益狎[18]，荡倚冲冒[19]。驴不胜怒[20]，蹄之[21]。虎因喜[22]，计之曰[23]："技止此耳！"因跳踉大𬌗[24]，断其喉，尽其肉，乃去[25]。

　　噫[26]！形之庞也类有德，声之宏也类有能[27]。向不出其技[28]，虎虽猛，疑畏[29]，卒不敢取[30]。今若是焉[31]，悲夫[32]！

黔驴技穷

作品作者人物简介

柳宗元：唐代文学家，字子厚，河东解（今山西运城县解州镇）人，世称"柳河东"。与韩愈皆倡导古文运动，同被列入"唐宋八大家"，著有《河东先生集》。所作散文、寓言说理透彻，笔锋犀利。课文《黔之驴》、副课文《临江之麋》和另一篇《永某氏之鼠》组成《三戒》，在他所写的寓言故事里比较具有代表性。

柳宗元像

注释

1. 黔：Qián，黔地，指今天四川、贵州、湖北交界地区。

2. 好事者：指对某件事、某个事物特别有兴趣的人，没有贬义色彩，和今天所说的"多事的人""没事找事的人"所指不同。好：hào，喜欢，喜好。以：而。船载以入：即"船载之以入"，用船把驴运进黔地。船：用船，名词作状语。

3. 则：却，可是。无：代词，没有什么地方，没有什么场合。

4. 放：放养，散养。

5. 庞：páng，高大。庞然大物：外形上高高大大的东西。

6. 蔽：隐蔽，隐藏。窥：kuī，从小孔、缝隙或隐僻处察看，偷偷地看，偷偷地观察。

7. 稍：渐渐地，逐渐地，一点儿一点儿地。出：古文字写作 ![古文字], ![古文字]，这里指从林间走出来。近：靠近，接近。

8. 慭慭然：小心谨慎的样子。慭：yìn。莫：不。莫相知：不了解对方，不知道对方的底细。

9. 他日：有一天，一天。

10. 鸣：本义指禽类鸣叫，这里指驴叫。

11. 骇：本义指马受惊，这里指害怕、受惊吓。

12. 遁：dùn，跑开，逃跑。

13. 且：要，将要。噬：shì，咬。

14. 然：然而，可是，但是。

15. 觉：感觉，觉察。异：特别的，不同一般的。异能者：特别的本领，不同一般的地方。

16. 益：逐渐地，渐渐地。习：熟悉，习惯。

17. 终：古文字写作 ⚇ ⚇，终了，结束。这里指到底、终究。搏：抓扑，攻击。

18. 狎：xiá，亲近而不庄重，态度随意、随便。

19. 荡倚冲冒：这里指老虎随意戏弄、挑逗驴的动作。

20. 胜：shēng，忍耐，忍受。

21. 蹄：本来指牛、马、羊等兽类的蹄子，这里名词活用为动词，用蹄子踢。

22. 因：于是，因此。

23. 计：算计，盘算。

24. 跳踉：tiàoliáng，跳起来。也写作"跳梁"，如成语"跳梁小丑"。㘎：hǎn，吼，叫。大㘎：大吼一声。

25. 乃：才。

26. 噫：yī，感叹词，可译为"唉"。

27. 形：形体。类：好像，好似。德：修养。声：声音。宏：洪亮。能：本领，能力。这句话的意思是：身形庞大好像很有修养，声音洪亮好似很有本领。

28. 向：假如，如果。出：使出，表露出。技：能力，本领。

29. 疑：古文字写作 ⚇，⚇，⚇，迟疑、犹豫的意思，这里指怀疑、猜疑。畏：古文字写作 ⚇，⚇，畏惧，害怕。

30. 卒：zú，到底，终究。取：古文字写作 ⚇，⚇，⚇，本指古代战争中割取耳朵记功，这里指攻击、搏杀。"卒不敢取"与上文的"终不敢搏"相呼应，意思相近。

31. 若：如，像。是：这样。若是：如此，像这样。焉：

语气词，表示停顿。

32. 夫：fú，句末语气词，表示感叹，可译为"啊"。悲夫：可悲啊！

常用词与固定结构

无（二）

代词，可译为"没有谁""没有什么人""没有什么地方"等。

例如：

至则无可用，放之山下。 （《河东先生集·黔之驴》）

诸将既经累捷，胆气益壮，无不一当百。

（《后汉书·光武帝纪》）

安东得士众心，城牢粮足，无可忧也。

（《资治通鉴·魏纪·文帝黄初三年》）

臣少好相人，相人多矣，无如季相。 （《汉书·高帝纪》）

然（二）

1. 连词，表示转折的关系，可译为"可是""但是""然而"等。

例如：

然往来视之，觉无异能者。 （《河东先生集·黔之驴》）

然郑亡，子亦有不利焉。 （《左传·僖公三十年》）

犬畏主人，与之俯仰甚善，然时啖其舌。

（《河东先生集·临江之麋》）

周勃重厚少文，然安刘氏者必勃也。

（《史记·高祖本纪》）

2. 词尾，表示事物或动作的性状，可译为"……的样子"等。

例如：

虎见之，庞然大物也，以为神。（《河东先生集·黔之驴》）

蔽林间窥之，稍出近之，慭慭然莫相知。

（《河东先生集·黔之驴》）

杂然相许。 （《列子·汤问》）

莫 (二)

否定副词，用在谓语之前，表示对动作行为的否定，可译为"不""不要"等。

例如：

蔽林间窥之，稍出近之，慭慭然莫相知。

（《河东先生集·黔之驴》）

小子何莫学夫《诗》？ （《论语·阳货》）

诸将皆莫信，详应曰："诺。"（《史记·淮阴侯列传》）

楚妃且勿叹，齐娥且莫讴。（《陆机集校笺·吴趋行》）

焉 (三)

语气词，用在句中，表示语气上的停顿，可不译。

例如：

今若是焉，悲夫！ （《河东先生集·黔之驴》）

心不使焉，则白黑在前而目不见，雷鼓在侧而耳不闻，况于蔽者乎？ （《荀子·解蔽》）

是故张军而不能战，围邑而不能攻，得地而不能实。三者见一焉，则可破毁也。 （《管子·七法》）

夫

1. 句末语气词，表示感叹，可译为"啊"。

例如：

今若是焉，悲夫！ （《河东先生集·黔之驴》）

逝者如斯夫，不舍昼夜。 （《论语·子罕》）

存乎神者之不测，有如是夫！ （《读通鉴论·秦始皇》）

2. 发语词，用在句首，表示要发表议论，可不译。

例如：

夫没者岂苟然哉？ （《苏东坡全集·日喻》）

夫秦有虎狼之心。 （《史记·项羽本纪》）

夫战，勇气也。　　　　　　（《左传·庄公十年》）

夫畜积者，天下之大命也。　　（《贾谊集·无蓄》）

3. 用于句中，起舒缓语气的作用，可不译。

例如：

吾非悲刖也，悲夫宝玉而题之以石，贞士而名之以诳，此吾所以悲也。　　　　　　（《韩非子·和氏》）

乃歌夫"长铗归来"者也。　（《战国策·齐策四》）

是叶公非好龙也，好夫似龙而非龙者也。

（《新序·杂事五》）

译文

黔地没有驴,有一个想弄清原因的人用船把一头驴运到了那里,驴到了黔地却没有什么地方来使用它,于是驴的主人就把它放养到山脚下。老虎看到了驴,高高大大的,认为它是神物。老虎隐藏在树林中偷偷地观察它,又一点儿一点儿地走出树林靠近它,非常小心谨慎,不了解它的底细。

有一天,驴叫了起来,老虎非常害怕,远远地逃开了,老虎认为驴将要来吃自己,极为恐惧。可是走过来走过去地观察驴,老虎并没有发现它有什么特殊的本领。越来越习惯它的叫声了,又靠近它,出现在它的身前身后,但是老虎终究也不敢攻击驴。渐渐地老虎更加接近驴,态度也越来越随意,甚至去冲撞、倚靠驴。驴觉得受到了冒犯,忍不住生气,就用蹄子踢老虎。老虎却因此很高兴,想着驴的所作所为,盘算说:"它的本领不过如此而已!"于是跳起来,大吼一声,咬断了驴的喉咙,吃光了驴的肉,才离开了。

唉!身形高大好像很有修养,声音洪亮好似很有本领。假如驴不显露出它的真实本领,老虎虽然很凶猛,但是害怕、猜疑,终究也不敢攻击它。现在出现这样的结果,可悲啊!

练习

一、根据课文，回答问题：

1. 黔地的老虎为什么会害怕一头驴？

2. 老虎被驴踢了，它为什么还高兴、欢喜？

3．黔地的老虎见到驴以后，对驴的认识有什么变化？

4．你知道源自这个寓言故事的成语吗？记住它的意思并掌握它的用法。

二、选择对下列各句中加点词语的正确解释：

1．黔无驴。

    A．贵州省   B．黔地

2．至则无可用，放之山下。

    A．散养、放养   B．搁置、存放

3．蔽林间窥之，稍出近之，慭慭然莫相知。

    A．稍微、稍稍   B．渐渐地、一点一点地

4．以为且噬己也，甚恐。

    A．将要、要   B．而且、并且

5．然往来视之，觉无异能者。

    A．可是   B．这样

6．益习其声，又近出前后，终不敢搏。

    A．学习   B．熟悉

7．稍近，益狎，荡倚冲冒。

    A．利益、好处   B．越来越、越发

8．虎因喜，计之曰："技止此耳！"

    A．于是   B．因为

9．向不出其技，虎虽猛，疑畏。

    A．假如   B．从前

10．卒不敢取。

    A．到底、终究   B．士兵、士卒

三、翻译下列各句：

1．黔无驴，有好事者船载以入，至则无可用，放之山下。

2．他日，驴一鸣，虎大骇，远遁，以为且噬己也，甚恐。

3．然往来视之，觉无异能者。益习其声，又近出前后，终不敢搏。

4．驴不胜怒，蹄之。虎因喜，计之曰："技止此耳！"

5．向不出其技，虎虽猛，疑畏，卒不敢取。今若是焉，悲夫！

四、指出下列各句中加点词的意义和用法：

1. 黔无驴，有好事者船载以入。

2. 驴不胜怒，蹄之。

3. 自是日抱就犬，习示之，使勿动，稍使与之戏。

五、阅读下面的短文，并回答问题：

1. 麋认为狗是自己的朋友，狗也把它当作朋友吗？

2. 自从麋进了家门，狗对麋持什么态度？为什么？

3. 麋至死不悟的是什么道理？请你试着说一说。

临江之麋

《河东先生集》

　　临江之人畋得麋麑[1]，畜之[2]。入门，群犬垂涎[3]，扬尾皆来[4]。其人怒，怛之[5]。自是日抱就犬[6]，习示之[7]，使勿动[8]，稍使与之戏[9]。积久[10]，犬皆如人意[11]。

　　麑稍大，忘己之麋也，以为犬良我友[12]，抵触偃仆[13]，益狎。犬畏主人，与之俯仰甚善[14]，然时啖其舌[15]。

　　三年，麋出门外，见外犬在道甚众[16]，走欲与为戏[17]。外犬见而喜且怒[18]，共杀食之，狼藉道上[19]。麋至死不悟[20]。

注释

　　1. 临江：地名，今江西省清江县。畋：tián，打猎。麋，mí，古文字写作 [图]，[图]。麑，ní，古文字写作 [图]，[图]。麋麑：指幼鹿，小鹿。

　　2. 畜：xù，饲养动物。

　　3. 涎：xián，口水。垂涎：流下口水。

　　4. 尾：古文字写作 [图]，[图]，像尾巴之形。扬：高举，抬起。扬尾：翘着尾巴。

　　5. 怛：dá，吓唬。

　　6. 自是：从此。日：每天，天天，名词作状语。就：接近，靠近。日抱就犬：即"日抱之就犬"，每天抱着小麋去接近狗。

7. 习：反复、多次。示：古文字写作 ，， ，， ，给……看。

8. 勿：别，不要。动：这里指触碰、攻击。

9. 戏：游戏，玩耍。

10. 积久：过了较长的时间。

11. 如：听从，顺从。如人意：顺从主人的意思，按照主人的意思去做。

12. 良：确实，真的。

13. 抵：dǐ，头顶头。触：接触，碰触。偃：yǎn，肚皮朝上向后躺倒。仆：pū，与"偃"相反，肚皮贴着地面趴着。抵触偃仆：描写麋与狗嬉戏时的动作和神态。

14. 俯仰：fǔyǎng，本指低头和抬头，这里指狗迎合麋，随麋的行动而行动。甚善：关系非常友好。

15. 然：可是，然而。时：时常，经常。啖：dàn，本义为吃，这里指舔咬。舌：古文字写作 ， ，舌头。

16. 外犬：与"家犬"相对，指那些没人喂养、流散在外的狗，即野狗。道：路上。众：古文字写作 ， ，本义为民众，这里指多、众多。

17. 走：古文字写作 ， ，跑，跑过去。为戏：玩耍，做游戏。

18. 且：又……又……，表示并列的关系。怒：本来指生气、愤怒，这里指猫狗一类的动物因为护食而发出呜呜的吼叫声、咆哮声。

19. 藉：jí。狼藉：传说狼常卧在草上休息，起身离开时便将所卧的茅草弄乱，以掩盖自身的踪迹。后来就用"狼藉"这个词来形容纵横散乱的样子。狼藉道上：指被狗吃剩下的麋的毛皮、骨血散乱地丢弃在路上。

20. 悟：wù，明白，醒悟。

第十七课

课文

桃花源记

《陶渊明集》

晋太元中[1]，武陵人捕鱼为业[2]，缘溪行[3]，忘路之远近。忽逢桃花林[4]，夹岸数百步[5]，中无杂树[6]，芳草鲜美，落英缤纷[7]，渔人甚异之[8]。复前行，欲穷其林[9]。

林尽水源，便得一山。山有小口，仿佛若有光[10]。便舍船[11]，从口入。初极狭[12]，才通人[13]。复行数十步，豁然开朗[14]。土地平旷[15]，屋舍俨然[16]，有良田、美池、桑竹之属[17]。阡陌交通[18]，鸡犬相闻。其中往来种作，男女衣着[19]，悉如外人[20]。黄发垂髫[21]，并怡然自乐[22]。见渔人，乃大惊[23]，问所从来[24]，具答之[25]。便要还家[26]，设酒杀鸡作食[27]。村中闻有此人，咸来问讯[28]。自云先世避秦时乱[29]，率妻子邑人来此绝境[30]，不复出焉，遂与外人间隔[31]。问今是何世，乃不知有汉[32]，无论魏晋[33]。此人一一为具言所闻[34]，皆叹惋[35]。余人各复延至其家[36]，皆出酒食。停数日，辞去[37]。此中人语云："不足为外人道也[38]。"

既出[39]，得其船，便扶向路[40]，处处志之[41]。及郡下[42]，诣太守[43]，说如此[44]。太守即遣人随其往[45]，寻向所志[46]，遂迷[47]，不复得路。

南阳刘子骥[48]，高尚士也[49]，闻之，欣然规往[50]，未果[51]，寻病终[52]。后遂无问津者[53]。

作品作者人物简介

陶渊明：又名潜，字元亮，东晋诗人，私谥靖节，浔阳柴桑（今江西九江）人。长于诗文词赋，著有《陶渊明集》。《桃花源记》是陶渊明在他的五言古诗《桃花源诗》前作的小记。

陶渊明像

注释

1. 太元：东晋孝武帝的年号。晋太元中：东晋太元年间。

2. 武陵：郡名，今天湖南常德一带。为业：作为谋生的手段。

3. 缘：yuán，沿着，顺着。

4. 忽：偶然，意想不到地。逢：碰到，遇到。

5. 夹：古文字写作 ，为两人从左右扶持中间一人的形象，这里指两边、两旁。夹岸：沿着河的两岸，分布在河岸两旁。

6. 杂：不纯的，混杂的。杂树：别的种类的树。

7. 英：花，花瓣。缤纷：多而杂的样子。落英缤纷：桃花花瓣纷纷落下。

8. 异：以……为异，认为……很奇怪，形容词的意动用法。

9. 穷：穷尽，这里指走完。其：那。

10. 仿佛：fǎngfú，模模糊糊的样子，隐隐约约的样子。若：像，好像。

11. 舍：shě，放弃，丢下，动词，这里指离开。

12. 初：古文字写作 ，这里指开始的时候、刚进去的时候。狭：狭窄，不宽敞。

13. 才：只，仅。

14. 豁：huò，开阔。豁然开朗：由狭小阴暗一下子变得开阔明亮。

15. 旷：kuàng，空阔。平旷：平整开阔。

16. 舍：shè，古文字写作 ，房屋，房舍，名词。俨然：整整齐齐的样子。俨：yǎn。

17. 属：类，种。

18. 阡：qiān，田间南北方向的小路。陌：mò，田间东西方向的小路。阡陌：泛指田间的小路。交：古文字写作 ，，本为两腿相交叉之形，这里指交叉、相交。通：连通，沟通。交通：交错沟通，交叉连通。这里"交""通"虽然写在一起，但并不是一个词，不同于现代汉语的双音节名词"交通"，需注意。

19. 衣：古文字写作，。着：zhuó。衣着：穿戴的衣饰。

20. 悉：xī，全，都。外人：从来没见过的世外之人。对渔人来说，桃花源的人与世隔绝，衣着服饰都与他们当世的人不同，所以称之为"外人"。下文中桃花源人所说的"外人"也是同样的道理。相对于桃花源的人来说，渔人及当世的人着装、习俗与洞中的他们完全不同，故也称之为"外人"。所以说，"外人"并不是简单地指洞外的人。

21. 黄发：人老了以后，头发不再乌黑，而是变黄、变白，这里用"黄发"指代老人。垂髫：古时候儿童头上下垂的短发，这里用以指代孩童。髫：tiáo。

古代男子发式图

杨柳青年画《连年有余》

22. 并：全，都。怡：yí，安适愉快。怡然自乐：愉快、高兴、自得其乐的样子。

23. 乃：竟然。

24. 所：……的地方。所从来：来的地方，从什么地方来。

25. 具：古文字写作 ，全，都，全部，这里指详尽完整地。

26. 要：yāo，通"邀"，邀请。还：huán，回去。

27. 设：摆出。

28. 咸：xián，全，都。问讯：问候，同义词连用。

29. 云：说。先：古文字写作 ，人前为先。先世：先辈，祖辈。避：躲避，逃避。乱：战乱。

30. 率：shuài，带领。妻：古文字写作 ，本义为抢女人为妻，为远古掠夺婚的见证。妻子：妻子和孩子。

邑：yì，古文字写作 ，以百姓和城池会意，表示城邑。邑人：同乡，乡邻。绝境：与外界隔绝、没有联系的地方。

31. 遂：于是，就。间隔：jiàngé，同义词连用，分开，隔开。这里指没有来往、断绝联系。

32. 乃：竟，竟然。有汉：有汉朝。一说"有"为名词词头，有汉，即汉朝。

33. 无论：不用说，不用谈。

34. 一一：一个问题一个问题地。为具言所闻：即"为之具言所闻"，把他的所见所闻全都对桃花源的人说了。

35. 叹惋：惊叹，感慨。惋：wǎn，叹息。

36. 余人：其余的人，剩下的人。各：各自，分别。延：yán，邀请。

37. 辞：告辞。去：离开。

38. 不足：不值得，没必要。为：跟，对，向。道：说，谈论。

39. 既：古文字写作 ，已然，已经。

40. 扶：顺着，沿着。向：原来的。向路：原路的路，来时的路。

41. 志：做标记，做记号，动词。之：凑足音节，无实际意义，不用翻译。

42. 及：到，至。

43. 诣：yì，到……去。太守：官职名。

44. 说如此：如此这般地讲说了一番。

45. 即：古文字写作 ，立刻，马上，随即。遣：qiǎn，派遣，差遣。其：他。往：去。

46. 寻：寻找。所志：标志，记号。

47. 遂：终于。迷：迷路，迷失了方向。

48. 南阳：郡名，位于今河南南阳市。刘子骥：人名，隐士。

49. 高尚士：高尚的士人，这里指和陶渊明一样隐居世外不做官的人。

50. 欣然：高兴、兴奋的样子。规：规划，计划。

51. 果：古文字写作 ，本义指果实，这里指结果。未果：没有成为现实，没有实现计划，没有结果。

52. 寻：古文字写作 ，不久。病终：病死。

53. 津：渡口。问津者：字面意思为问渡口的人、问路的人，这里特指寻访桃花源的人。

常用词与固定结构

乃 (二)

副词，表示前后两种情况在情理上有逆接的关系，可译为"却""竟然"等。

例如：

见渔人，乃大惊，问所从来，具答之。

问今是何世，乃不知有汉，无论魏晋。

（《陶渊明集·桃花源记》）

不改过自新，乃益骄恣。　　（《汉书·吴王刘濞传》）

以高皇帝之明圣威武也，既抚天下，即天子之位，而大臣为逆者，乃几十发。　　　（《贾谊集·制不定》）

悉

副词，表示全部，全体，可译为"全""都"等。

例如：

其中往来种作，男女衣着，悉如外人。

（《陶渊明集·桃花源记》）

愚以为宫中之事，事无大小，悉以咨之，然后施行，必能裨补缺漏，有所广益。　　（《三国志·蜀书·诸葛亮传》）

齐悉复得其故城。　　　　（《史记·燕召公世家》）

丹水南有丹崖山，山悉赪壁霞举。（《水经注·丹水》）

咸

副词，表示全部、全体，可译为"全""都"等。

例如：

村中闻有此人，咸来问讯。（《陶渊明集·桃花源记》）

外内咸服。　　　　　　　　（《左传·襄公四年》）

于诸侯之约，大王当王关中，关中民咸知之。

（《史记·淮阴侯列传》）

坚望山上草木咸为人状，此即坚战败处。

（《水经注·肥水》）

皆

副词，表示全部、全体、无一例外，可译为"全""都"等。

例如：

此人一一为具言所闻，皆叹惋。

（《陶渊明集·桃花源记》）

余人各复延至其家，皆出酒食。

（《陶渊明集·桃花源记》）

羽夜闻汉军四面皆楚歌，乃惊曰："汉皆已得楚乎？是何楚人多也！"

（《汉书·项籍传》）

小人有母，皆尝小人之食矣，未尝君之羹，请以遗之。

（《左传·隐公元年》）

遂

副词，表示动作、行为因前面的情况引起，并产生了相应的结果，可译为"就""终于""最终"等。

例如：

自云先世避秦时乱，率妻子邑人来此绝境，不复出焉，遂与外人间隔。

（《陶渊明集·桃花源记》）

寻向所志，遂迷，不复得路。

（《陶渊明集·桃花源记》）

未果，寻病终。后遂无问津者。

（《陶渊明集·桃花源记》）

王乃使玉人理其璞而得宝焉，遂命曰："和氏之璧。"

（《韩非子·和氏》）

曹操比于袁绍，则名微而众寡，然操遂能克绍，以弱为强者，非唯天时，抑亦人谋也。

（《三国志·蜀书·诸葛亮传》）

译文

东晋太元年间，武陵有一个以捕鱼为生的人，他顺着小溪前行，忘记走了多远的路。偶然遇到了一片开满桃花的树林，桃树沿着河流的两岸生长，有数百步远，桃树林中没有别的种类的树，地上青草鲜嫩葱郁，桃花瓣儿纷纷扬扬地从枝头飘落下来,捕鱼的人觉得这种景象很奇特。再往前边走，他想走到这片桃林的尽头。

桃林的尽头也是溪水的源头，一抬头便有一座山映入眼中。山上有一个小山洞，洞中隐隐约约好像有光亮。捕鱼人就扔下船，从洞口进入了山洞。刚开始的时候，洞中非常狭窄，只能容下一个人通过。再向前走几十步以后，就一下子变得开阔明亮了。土地平整开阔，房舍也整整齐齐，肥沃的田地、漂亮的池塘以及桑树、竹林之类的东西样样齐全。通向南北东西的田间小路交错连通，鸡鸣狗吠互相可以听到。里边的人来来往往，耕田种地，男男女女的穿戴打扮，全都像是世外之人。老人也好，孩子也好，全都高高兴兴、乐乐呵呵的。有人看到捕鱼人，竟然非常吃惊，问他从什么地方来的，捕鱼人非常详尽地回答了他的提问。这个人就邀请捕鱼人来到自己的家里，摆好酒，杀了鸡，做好饭食招待他。同村的乡亲们听说来了这么一个人，也都赶来问候。他们自己说，祖辈为了躲避秦朝时的战乱，带领妻子、孩子以及同乡来到了这个与世隔绝的地方，就没有再从这里出去，最终就同世人没有了来往。他们问现在是什么时代，竟然不知道有汉朝，就更不用说魏、晋两朝了。捕鱼人逐一地把自己的见闻全都对他们讲了，听的人都惊叹不已。其他的人又分别邀请捕鱼人到他们的家中，也都拿出酒菜招待他。停留了一些天以后，捕鱼人告辞离开。桃花源中的人叮嘱说："没有必要对世人谈论我们这里的情况啊。"

捕鱼人离开了桃花源，找到他的那条小船，就顺着原路回来，在每个地方都作了标记。到了武陵郡，去拜见太守，把他的所见所闻如此这般地全都报告了太守。太守随即差人随他一起去，寻找原先留下的记号，最终还是迷失了方向，没能再找到去桃花源的路。

南阳的刘子骥，是一位高尚的隐士，听说了这件事，高高兴兴地计划去探访，尚未实现他的计划，不久就病死了。后来就再也没有探访桃花源的人了。

练习

一、根据课文，回答问题：

1. 课文中所描写的这个地方为什么叫做"桃花源"？

2. 桃花源里的环境怎么样？桃花源里的人怎么样？试着概括一下。

3. 桃花源里的人是因为什么来到桃花源的？

4. 刘子骥找到桃花源了吗？为什么？

二、解释下列各句中加点词语的意义：

1. 缘溪行，忘路之远近。

2. 芳草鲜美，落英缤纷。

3. 渔人甚异之。

4. 复前行，欲穷其林。

5. 山有小口，仿佛若有光。

6. 阡陌交通，鸡犬相闻。

7. 便要还家，设酒杀鸡作食。

8. 自云先世避秦时乱，率妻子邑人来此绝境。

9. 遂与外人间隔。

10. 问今是何世，乃不知有汉，无论魏晋。

11. 余人各复延至其家，皆出酒食。

12. 不足为外人道也。

13. 便扶向路，处处志之。

14. 寻向所志，遂迷，不复得路。

15. 未果，寻病终。后遂无问津者。

三、下面这段文字中，有四个词相当于现代汉语"全""都"的意思，找出这四个词，并摘出相关的例句：

　　　其中往来种作，男女衣着，悉如外人。黄发垂髫，并怡然自乐。见渔人，乃大惊，问所从来，具答之。便邀还家，设酒杀鸡作食。村中闻有此人，咸来问讯。

四、根据课文，将下列成语补充完整：

世外＿＿＿＿＿＿＿＿

＿＿＿＿＿＿＿＿开朗

＿＿＿＿＿＿＿＿相闻

怡然＿＿＿＿＿＿＿＿

无人＿＿＿＿＿＿＿＿

五、阅读下面的短文，并回答问题：

1. 献玉的人认为子罕不接受他的玉的原因是什么？

2. 子罕又是怎么解释他不接受玉的原因的？

子罕以不贪为宝

《左传·襄公十五年》

宋人或得玉[1]，献诸子罕[2]，子罕弗受[3]。献玉者曰："以示玉人[4]，玉人以为宝也，故敢献之[5]。"子罕曰："我以不贪为宝[6]，尔以玉为宝[7]。若以与我[8]，皆丧宝也[9]，不若人有其宝[10]。"

注释

1. 宋人：宋国人。或：有人，有个人。

2. 诸：zhū，"之于"的合音，其中"之"，代词，它，指代玉。于：给，介词。子罕：人名，春秋时期宋国的贤臣。罕：hǎn。

3. 弗：不。受：古文字写作 ，有"给予"和"接受"两个意义，这里指接受。

4. 以：拿，把。示：古文字写作 ，让……看，给……看。以示：以之示，中间省略了宾语"之"，把它给……看，把它让……看。玉人：加工玉的人，玉匠。

5. 故：因此，所以。

6. 以……为……：把……当作……。贪：爱财，贪财。宝：古文字写作 ，宝贝，宝物，珍宝。

7. 尔：你。

8. 若：如果，假如。与：给，给予。

9. 皆：全，都。丧：sàng，失去，丢掉。

10. 若：如。不若：不如，比不上。人：古文字写作 ，像人之形，这里指各人、每人。有：古文字写作 ，占有，拥有。其：他们的。

第十八课

课文

劝学

《荀子·劝学篇第一》

君子曰：学不可以已[1]。青，取之于蓝而青于蓝[2]；冰，水为之而寒于水[3]。木直中绳[4]，揉以为轮[5]，其曲中规[6]，虽有槁暴[7]，不复挺者[8]，揉使之然也[9]。故木受绳则直[10]，金就砺则利[11]，君子博学而日参省乎己[12]，则知明而行无过矣[13]。

吾尝终日而思矣[14]，不如须臾之所学也[15]；吾尝跂而望矣[16]，不如登高之博见也[17]。登高而招[18]，臂非加长也[19]，而见者远[20]；顺风而呼，声非加疾也[21]，而闻者彰[22]。假舆马者[23]，非利足也[24]，而致千里[25]；假舟楫者[26]，非能水也[27]，而绝江河[28]。君子生非异也[29]，善假于物也[30]。

积土成山[31]，风雨兴焉[32]；积水成渊[33]，蛟龙生焉[34]；积善成德，而神明自得，圣心备焉[35]。故不积跬步[36]，无以致千里[37]；不积小流[38]，无以成江海。骐骥一跃[39]，不能十步；驽马十驾[40]，功在不舍[41]。锲而舍之[42]，朽木不折[43]；锲而不舍[44]，金石可镂[45]。

作品作者人物简介

荀子：战国末期赵国人，名况，当时的人尊称他为"荀卿"，汉代时因为要避汉宣帝刘询的名讳，又称"孙卿"。他是先秦儒家的代表人物之一，韩非和李斯都是他的学生。荀子的文章被后人编入《荀子》一书中，该书共二十卷，三十二篇，内容涉及哲学、政治、治学论辩、立身处世等方面。

荀子像

注释

1. 已：yǐ，停止，停下来。

2. 青：靛青（Diàn Qīng），一种染料。于：从。取之于：从……把它提取出来。蓝：草名，又称蓼蓝（Liǎo Lán），叶子可提取青色染料。于：比。青于蓝：比蓼蓝的颜色更深。

3. 水为之：由水生成，由水凝结而成。寒于水：比水温度低，比水更凉。

4. 直：古文字写作 ，目视悬锤取直，表示挺直、不弯曲。与下文的"挺"同义。中：zhòng，符合，合乎。绳：墨线，木工用来取直的工具。中绳：符合墨线的标准。

墨斗

墨斗使用方法演示

160

5. 揉：róu，弯曲。以：而，连接两个动作，可不译。为：做成。

6. 规：圆规，测圆、画圆的工具。

圆规

7. 有：通"又"，再次。槁：gǎo，枯干。暴：pù，晒，这个意义后来写作"曝"。虽有槁暴：即使再把它晒干。

8. 复：再，又。者：……的原因。

9. 然：这样，如此。

10. 受绳：接受墨线的测量，经过墨线的测量。则：就，那么。

11. 金：泛指金属，这里指金属制成的刀具。就：接近，靠近。砺：lì，磨刀石。利：古文字写作   ， ，指刀具锋利。金就砺则利：金属的刀具经过磨刀石的打磨就会变得锋利。

磨刀石磨刀示意图

12. 博：广博，广泛。而：同时，并且，而且。日：古文字写作 ⬭，⊙，像太阳之形，这里指每天、天天，名词作状语。参：检查，审查。省：xǐng，古文字写作 ⬆，⬆，反复查看的意思。参省：同义词连用，反省，检查。乎：相当于"于"，对，对于。博学而日参省乎己：广泛地学习并且每天对自己的所作所为进行反省、检查。

13. 知：zhì，"知"多则"智"，聪明，智慧。"知明"为近义词连用。过：过失，过错。知明而行无过：聪明智慧同时行为没有过错。

14. 尝：曾经。终日：从早到晚，整天。而：连接状语和中心语，可不译。

15. 须臾：片刻，一会儿，与"终日"相对举。臾：yú。

16. 跂：qǐ，提起脚跟。跂而望：提起脚跟努力向远处张望。

17. 见：古文字写作 ⬆，⬆，一个人睁大了眼睛去看。博见：看见的范围广而远。

18. 高：古文字写作 高，高，高，高，像高高的建筑物之形，表示"高处"之义。招：招手。

19. 臂：手臂。加：副词，更加，更。

20. 见者远：看见你招手的人在很远的地方，即在很远的地方的人都可以看见你招手。

21. 疾：jí，古文字写作 ⬆，⬆，⬆，急速，猛烈。这里指声音大而洪亮。

22. 彰：zhāng，清楚，清晰。闻者彰：听到的人听得很清楚。

23. 假：借，借助，利用。舆马：车马。

24. 利：本义指刀具锋利，这里指速度快。利足：脚步快，善于行走。

25. 致：达到，到。

26. 楫：jí，船桨。舟楫：船和桨，这里代指船只。

27. 水：古文字写作 ，像水流之形，这里名词活用为动词，游泳。

28. 绝：古文字写作 ，从丝从刀，本来指把丝帛从中间割断，这里指从水中横穿过去，即横渡。江河：长江和黄河。

29. 生：xìng，通"性"，生性，本性。

30. 于：对，对于。物：古代"物"与"我"相对举，"我"指自身的条件，"物"指身外的客观条件，即外在条件。

31. 积：积聚，积累。

32. 兴：兴起，产生。焉：相当于"于是"，在那儿。

33. 渊：yuān，古文字写作 ，深水潭。

34. 蛟龙：龙的一种，这里泛指龙。蛟：jiāo。

35. 积善成德，而神明自得，圣心备焉：积累善行，成就高尚的品德，同时精神和智慧达到很高的境界，圣贤之心就具备了。

36. 跬：kuǐ，半步。步：古文字写作 。古人认为向前跨出一只脚为"跬"，连续跨出两只脚为"步"。

37. 无以：没有什么办法来……。

38. 小流：小的水流，涓涓细流。

39. 骐骥：qíjì，骏马，千里马。跃：跨跃，跳跃。

40. 驽马：劣马。驽：nú。驾：马拉车走一天的路程为"一驾"。

41. 舍：shě，舍弃，放弃。功在不舍：成功在于不放弃。

42. 锲：qiè，刻。而：可是，但是。

43. 朽：xiǔ，腐烂。朽木：烂木头。折：zhé，古文字写作 ，折断。

44. 而：并且，而且。

45. 金：金属，多指青铜器。石：古文字写作 ，

163

石，像山有落石之形，指石头。镂：lòu，雕刻。

常用词与固定结构

乎（二）

介词，用法近似介词"于"。用于引介处所、原因、比较的对象等，可译为"在""对""比"等。

例如：

君子博学而日参省乎己，则知明而行无过矣。

（《荀子·劝学篇第一》）

楚人生乎楚，长乎楚，而楚言，不知其所受之。

（《吕氏春秋·用众》）

醉翁之意不在酒，在乎山水之间也。

（《醉翁亭记》）

生乎吾前，其闻道也固先乎吾，吾从而师之。

（《昌黎先生集·师说》）

尝

副词，用在动词或动词性短语前，可翻译为"曾经"。

例如：

吾尝终日而思矣，不如须臾之所学也；吾尝跂而望矣，不如登高之博见也。　　（《荀子·劝学篇第一》）

良尝闲，从容步游下邳圯上。　（《史记·留侯世家》）

且君尝为晋君赐矣，许君焦、瑕，……

（《左传·僖公三十年》）

仲永生五年，未尝识书具，忽啼求之。

（《临川先生文集·伤仲永》）

而（三）

连词，连接前后两部分，"而"字前面的部分，表示动作行为的方式或状态，对后一部分起修饰作用，可译为"着""地"，或者不翻译。

例如：

164

吾尝终日而思矣，不如须臾之所学也；吾尝跂而望矣，不如登高之博见也。登高而招，臂非加长也，而见者远；顺风而呼，声非加疾也，而闻者彰。

（《荀子·劝学篇第一》）

大臣内叛，诸侯外反，亡可翘足而待也。

（《史记·高祖本纪》）

行海者坐而至越，有舟也；行陆者立而至秦，有车也。

（《慎子·逸文》）

无以

常用在动词谓语前，表示没有办法，可翻译为"没有什么办法来……""无法……"等。

例如：

故不积跬步，无以致千里；不积小流，无以成江海。

（《荀子·劝学篇第一》）

韩昭侯曰："吹竽者众，我无以知其善者。"

（《韩非子·内储说上》）

富者不能自保，贫者无以自存。 （《汉书·食货志》）

故推恩足以保四海，不推恩无以保妻子。

（《孟子·梁惠王上》）

译文

君子说：学习是不可以停止的。靛青是从蓼蓝中提取出来的，但是它比蓼蓝颜色更深；冰是由水凝结而成的，但是它比水温度更低。木材很挺直，合乎墨线的标准，弯曲做成车轮，它的弯曲程度合乎圆规的要求，即使再把它晒干，它也不会再变直了，是弯曲让它变成这样的。所以说，木材经过墨线的测量就会变得挺直，金属的刀具在磨刀石上磨过就会变得锋利，君子广泛地学习同时每天反省检查自己，就会聪明智慧并且行动不犯错误了。

我曾经整天没有目的地胡思乱想，可是比不上学习一会儿的收获大；我也曾提起脚跟努力向远处张望，可是却不如登上高处看得广阔。登上高处向别人招手，你的手臂并没有更长，可是在很远的地方的人都能看见；顺着风向呼喊，你的声音并没有更大更洪亮，可是听的人会听得更清楚。借助车马的人，并不是脚步走得很快，可是却能到达千里之外；利用船只的人，并不是自己会游泳，可是却能够横渡长江和黄河。君子生性和普通人没有什么区别，只是对外界事物善于利用罢了。

把土堆积成山，风雨就会从那儿产生；将涓涓细流汇成深潭，蛟龙就会在那儿生长；积累点滴善行，成就高尚的品德，就会得到聪明和智慧，具备圣人的思想境界。所以不积累一步半步，就没有办法到达千里之外；不积聚点滴水流，就没有办法汇成江河大海。骏马跳跃一次，距离不过十步；劣马驾车走十天，能成功到达远方，就是因为不放弃、不停止。用刀刻东西，但是刻两下就停下来不再刻了，那么朽烂的木头也不能刻断；用刀刻，并且不停地刻下去，那么坚硬的金属和石头上也能雕刻出美丽的花纹。

练习

一、根据课文，回答问题：

1. 学习的作用在于弥补自身的不足，作者是怎么说明这个道理的？用你自己的话说明一下。

2. 学习者应当采取什么方法和态度来学习？试着总结一下。

3. 通过这篇文章，你学到了几个成语？这些成语都是什么意思？怎么使用？

二、给下列各句中加点的字注音并释义：

1. 君子曰：学不可以已（　　）。

2. 木直中（　　）绳，揉（　　）以为轮，其曲中（　　）规。

3. 虽有槁暴（　　），不复挺者，揉使之然也。

4. 君子博学而日参（　　）省（　　）乎己（　　），则知（　　）明而行无过矣。

5. 君子生（　　）非异也，善假（　　）于物也。

6. 锲而不舍（　　），金石可镂。

166

三、根据课文填空，并翻译整段古文：

吾＿＿＿终日而思矣，不如＿＿＿之所学也；吾尝跂而＿＿＿矣，不如登高＿＿＿博见也。登高＿＿＿招，臂＿＿＿加长也，而见＿＿＿远；顺风而呼，声非＿＿＿疾也，而闻者彰。＿＿＿舆马者，非利足也，而＿＿＿千里；假舟楫＿＿＿，非能＿＿＿也，而＿＿＿江河。君子＿＿＿非异也，善假＿＿＿物也。

四、指出下列各句中加点词语的意义和用法：

1. 君子博学而日参省乎己，则知明而行无过矣。

2. 吾尝终日而思矣，不如须臾之所学也。

3. 假舟楫者，非能水也，而绝江河。

4. 君子生非异也，善假于物也。

5. 青，取之于蓝而青于蓝；冰，水为之而寒于水。

五、阅读下面的短文，并回答问题：

1. 东家子、西家子来求婚，父母为什么"疑而不能决"？

2. 父母想让女儿自己决定，他们是怎么跟女儿说的？

3. 女儿是怎么做的？她为什么这么做？

4. "东食西宿"这个成语的意思你明白了吗？试着说一说。

东食西宿

《风俗通义·佚文》

齐人有女，二人求之。东家子丑而富[1]，西家子好而贫[2]。父母疑不能决[3]，问其女，定所欲适[4]。"难指斥言者[5]，偏袒[6]，令我知之[7]。"女便两袒[8]。怪问其故[9]，云[10]："欲东家食西家宿[11]。"

注释

1. 丑：面貌难看，面貌丑陋，与下文的"好"相对举。而：可是，但是。富：富裕，与下文的"贫"相对举。

2. 好：古文字写作 𡚸，𡥀，从女、子会意，表示美好的意思。这里指相貌英俊。贫：贫穷。

3. 疑：古文字写作 ![字] 、![字]，像一个人在东张西望，表示拿不定主意、犹豫不决的意思。决：下决心，做决定。

4. 定：决定。适：本义为去，这里指女子出嫁。所欲适：想要嫁的人家。

5. 难：以……为难，认为……困难，认为……不方便，形容词的意动用法。指斥：直呼其名。指斥言：这里是直接说、直截了当说的意思。

6. 袒：tǎn，脱去衣服露出身体的一部分。偏袒：露出一只手臂，与下文中的"两袒"相对举。

7. 令：古文字写作 ![字]，![字]，本义为命令、使令。这里指让、叫、使。知：了解，知道。之：指代女儿的选择。

8. 便：于是，就。两袒：同时露出两只手臂。

9. 怪：对……感到奇怪，觉得……奇怪。其：她。故：原因，缘故。

10. 云：说。

11. 食：古文字写作 ![字]，![字]，由食器盖和盛满食物的食器会合表义，本来指饭食，这里指吃饭，动词。宿：sù，古文字写作 ![字]，![字]，是一个人睡在屋里席子上的形象，本义为夜里睡觉、过夜。东家食西家宿：在东边的人家吃饭，在西边的人家过夜。

第十九课

课文

负荆请罪

《史记·廉颇蔺相如列传》

既罢[1]，归国。以相如功大[2]，拜为上卿[3]，位在廉颇之右[4]。

廉颇曰："我为赵将，有攻城野战之大功[5]，而蔺相如徒以口舌为劳[6]，而位居我上[7]。且相如素贱人[8]，吾羞[9]，不忍为之下[10]。"宣言曰[11]："我见相如，必辱之[12]。"相如闻，不肯与会[13]。相如每朝时[14]，常称病[15]，不欲与廉颇争列[16]。已而相如出[17]，望见廉颇[18]，相如引车避匿[19]。于是舍人相与谏曰[20]："臣所以去亲戚而事君者[21]，徒慕君之高义也[22]。今君与廉颇同列[23]，廉君宣恶言[24]，而君畏匿之[25]，恐惧殊甚[26]。且庸人尚羞之[27]，况于将相乎[28]！臣等不肖[29]，请辞去[30]。"蔺相如固止之[31]，曰："公之视廉将军孰与秦王[32]？"曰："不若也[33]。"相如曰："夫以秦王之威[34]，而相如廷叱之[35]，辱其群臣[36]。相如虽驽[37]，独畏廉将军哉[38]？顾吾念之[39]，强秦之所以不敢加兵于赵者[40]，徒以吾两人在也。今两虎共斗[41]，其势不俱生[42]。吾所以为此者，以先国家之急而后私仇也[43]！"

廉颇闻之，肉袒负荆[44]，因宾客至蔺相如门谢罪[45]，曰："鄙贱之人[46]，不知将军宽之至此也[47]！"卒相与欢[48]，为刎颈之交[49]。

将相和

169

注释

1. 罢：bà，结束，完了。既罢：渑池（Miǎn chí）会结束以后。

2. 以：因为，由于。相如：即蔺相如，Lìn Xiàngrú，赵国人，最初为赵国宦官头目缪贤（Miào Xián）的门客，后来因有功于赵，被封为上卿。

3. 拜：授予官职，任命官职。上卿：官职名。

4. 位：职位，官位。廉颇：Lián Pō，赵国著名的将军，曾大败齐军，立下赫赫战功。右：上位。秦汉之前，位次以右为尊。

5. 攻城野战：指攻打城池，率军作战。功：功绩，功劳。

6. 徒：仅仅，只是。以：依靠，凭借。口：古文字写作

口，口，像嘴形。舌：古文字写作 舌，舌，像嘴里有舌伸出之形。口舌：指人说话的器官嘴和舌头。为劳：立下功劳，成就功劳。口舌为劳：靠能说会道立下功劳。

7. 居：处在。

8. 且：况且。素：一向，本来。贱人：出身、地位卑贱之人，指蔺相如原来是赵国宦官头目缪贤的门客，地位卑下。

9. 羞：感到羞耻，觉得受到羞辱。

10. 忍：忍耐，忍受。不忍为之下：不甘心官职位于蔺相如之下。

11. 宣言：扬言，公开说，到处宣扬说。

12. 辱：侮辱，羞辱。

13. 会：会面，见面。

14. 每：每每，每当。朝：cháo，上朝。

15. 称病：推说有病，假托有病，以有病为借口。

16. 争：古文字写作 争，争，争夺，争抢。争列：竞争官位的高低、位次的前后。

17. 已而：过了不久，过了不多时候。

18. 望：古文字写作 望。见：古文字写作 见。望见：远远地看见。

19. 引：领引，引导。避匿：躲避，藏匿，这里指躲起来、藏起来。匿：nì。

20. 舍：shè，古文字写作 舍，舍，像屋舍之形。舍人：门人，门客。相与：共同，一起。

21. 去：离开。亲戚：指父母双亲。事：服侍，侍奉。

22. 慕：仰慕，敬慕。高义：指高尚的品德。

23. 同列：同处上卿的官位。

24. 宣：对外传扬。恶言：无礼的话，失礼的话。

25. 畏匿：因为害怕而躲藏起来。

26. 殊：极，很。甚：过分。殊甚：特别厉害。

27. 庸人：普通人。尚：尚且，还。羞：本来指羞耻、耻辱，这里是意动用法，以……为羞。羞之：认为这样做羞耻，认为这样做耻辱。

28. 况：何况。于：对于，对。将相：指朝廷中的文武高官。将：jiàng。相：xiàng。

29. 肖：xiào，像，似。不肖：不才，不贤。

30. 辞去：告辞离开。

31. 固：坚决地，坚定地。止：阻止，挽留。

32. 公之视廉将军孰与秦王：依你们看来，廉颇将军与秦王相比谁更厉害？

33. 不若：不如，比不上。

34. 以：凭借，凭着。威：古文字写作 威，威力，威风。

35. 廷：朝廷，这里名词作状语，在朝廷之上。叱：chì，呵斥，斥责。

36. 其：他的，指秦王的。

37. 驽：nú，愚劣，无能。

38. 独：仅仅，单单。

39. 顾：不过，但。念：考虑。

40. 加：施加。于：对。加兵于赵：对赵国使用武力，对赵国用兵。

41. 共：古文字写作 共，共，以两手共举一物示义，

171

本义为共同、一起。斗：古文字写作 ⚔ ，⚔ ，像两人打斗的样子，打斗，争斗。

42. 其：那。势：形势，情势。俱：都，一起，共同。

43. 先：古文字写作 🔱 ，人前有人，表示"前面"的意思。这里是意动用法，以……为先，即把……放在首要位置，把……放在前面。急：急难，形容词活用为名词。后：用法同"先"，以……为后，即把……放在后边，把……放在次要位置。私仇：个人恩怨。

44. 肉袒：脱去衣服，露出肉体。袒：tǎn，露。负：背着。荆：荆条。

45. 因：通过……引导。门：家里，府上。谢罪：请罪。

46. 鄙贱：浅陋卑下，这里为谦敬之辞。鄙：bǐ。

47. 宽：容忍，宽容。之：我。至此：到这样的地步。

48. 卒：zú，终于，最终。相与：互相，彼此。欢：和好。

49. 为：成为。刎：wěn，割。颈：jǐng，脖子。刎颈之交：指生死之交，誓同生死的朋友。

常用词与固定结构

徒

1. 副词，表明某种行为或情形只限于某一范围，可译为"只是""仅仅"等。
例如：
蔺相如徒以口舌为劳，而位居我上。

（《史记·廉颇蔺相如列传》）
臣所以去亲戚而事君者，徒慕君之高义也。

（《史记·廉颇蔺相如列传》）
强秦之所以不敢加兵于赵者，徒以吾两人在也。

（《史记·廉颇蔺相如列传》）
取金之时，殊不见人，徒见金耳。 （《列子·说符》）

2. 副词，表示动作、行为没有取得应有的成效，可译为"白白地"等。

例如：

欲予秦，秦城恐不可得，徒见欺。

（《史记·廉颇蔺相如列传》）

今空守孤城，徒费财役。

（《资治通鉴·宋纪·文帝元嘉三十年》）

惜哉，夫子不仕！哲人徒生矣！

（《文中子中说·魏相篇》）

相与

1. 副词性结构，表示多人共同的行为，可译为"共同""一起"等。

例如：

于是舍人相与谏曰："臣所以去亲戚而事君者，徒慕君之高义也。"　　（《史记·廉颇蔺相如列传》）

前时五诸侯尝相与共伐韩，秦发兵以救之。

（《韩非子·存韩》）

齐桓公、管仲、鲍叔、宁戚相与饮酒。

（《吕氏春秋·直谏》）

平原君竟与毛遂偕，十九人相与目笑之，而未废也。

（《史记·平原君虞卿列传》）

2. 副词性结构，表示行为、事件所涉及的双方互相影响、关涉，可译为"互相""彼此"。

例如：

卒相与欢，为刎颈交。　　（《史记·廉颇蔺相如列传》）

今闻大王欲伐楚，此犹两虎相与斗。

（《史记·春申君列传》）

安上治民，莫善于礼；移风易俗，莫善于乐：二者相与并行。　　（《汉书·艺文志》）

男女有不得其所者，因相与歌咏，各言其伤。

（《汉书·食货志》）

尚

1. 副词，用在复句的前一个分句中，表示让步的关系，可译为"尚且""还"等。

例如：

且庸人尚羞之，况于将相乎！

（《史记·廉颇蔺相如列传》）

民不乐生，尚不避死，安能避罪？（《汉书·董仲舒传》）

明帝处之尚不能以安，后世奈何？（《贾谊集·制不定》）

千乘之王，万家之侯，百室之君，尚犹患贫，而况匹夫编户之民乎？　　　　　　　　（《史记·货殖列传》）

2. 副词，表示动作、状态没有改变，可译为"还""依然"等。

例如：

盛服将朝，尚早，坐而假寐。　（《左传·宣公二年》）

及夫至门，丞相尚卧。　（《史记·魏其武安侯列传》）

此尚童子，未有志也。　　　　　　（《论衡·刺孟》）

赵王使使视廉颇尚可用否。（《史记·廉颇蔺相如列传》）

因 (二)

介词，引介动作、行为赖以发生的条件，可译为"通过""趁"等。

例如：

廉颇闻之，肉袒负荆，因宾客至蔺相如门谢罪。

（《史记·廉颇蔺相如列传》）

时子因陈子而以告孟子。　　　（《孟子·公孙丑下》）

孔子适卫，因嬖臣弥子瑕以见卫夫人，子路不悦。

（《盐铁论·论儒》）

而魏往年大破于齐，诸侯畔之，可因此时伐魏。

（《史记·商君列传》）

因其无备，卒然击之。　（《三国志·魏书·郭嘉传》）

之所以……者，以……也

这个结构也可以说成"所以……者，以……也"或"所以……者，……也”。其作用是推求产生某种行为或情况的原因，可译为“之所以……，是因为……”或“……的原因，是因为……”等。

例如：

强秦之所以不敢加兵于赵者，徒以吾两人在也。

（《史记·廉颇蔺相如列传》）

吾所以为此者，以先国家之急而后私仇也！

（《史记·廉颇蔺相如列传》）

臣所以去亲戚而事君者，徒慕君之高义也。

（《史记·廉颇蔺相如列传》）

所以遣将守关者，备他盗之出入与非常也。

（《史记·项羽本纪》）

译文

秦王和赵王渑池会结束后，赵王返回赵国。因为蔺相如功劳大，任命他为上卿，官位在廉颇之上。

廉颇说："我作为赵国的将军，立下了攻城掠地的大功，而蔺相如只是凭借能言善辩立下口舌之功，现在官位竟在我之上。况且蔺相如本来就是出身卑贱的人，我感觉被羞辱，不甘心职位在他的下面。"并到处传扬说："我如果见到蔺相如，一定要羞辱羞辱他。"蔺相如听说了这些话，就不肯和廉颇会面。蔺相如每当上朝的时候，常常假托生病，不愿意同廉颇去争官位的高低。过了些时候，蔺相如出门，远远望见廉颇，就引导车驾避开了。面对如此的状况，蔺相如的门客一起劝谏他说："我们之所以离开父母双亲来侍奉您，只是因为仰慕您的高尚品德。现在您同廉颇同处上卿的官位，廉颇公开地说一些对您无礼的话，可是您却害怕他、躲避他，惧怕得也太过分了。普通人尚且觉得这样做耻辱，何况像您这样处在将相职位上的人呢？我们无能，请您允许我们告辞离开。"蔺相如坚决地挽留他们，说："依你们看，廉颇将军和秦王比哪一个更厉害？"门客回答说："廉颇将军不如秦王厉害。"蔺相如说："凭着秦王那样威风，可是我蔺相如都敢于在朝廷上斥责他，羞辱他手下的各位大臣。我虽然没有什么能耐，单单就害怕廉颇将军吗？不过据我分析，强大的秦国之所以不敢发兵攻打赵国，就是因为赵国有我们两个人在啊。假如现在两只老虎互相争斗，那情势不可能共同生存下去。我之所以这样做，是因为我把国家的急难放在前边而将个人的恩怨放在后边啊。"廉颇听说了这些话，就赤裸着后背，背着荆条，通过宾客引见，来蔺相如府上请罪，廉颇说："我见识浅陋，心胸狭窄，没想到您竟然宽容我到这般地步啊！"他们两人最终相互和解，成了誓同生死的朋友。

练习

一、根据课文，回答问题：

1. 廉颇为什么看不起蔺相如？
2. 蔺相如面对廉颇的轻慢、骄横，他的态度是怎样的？
3. 蔺相如的门客看到蔺相如的态度又是怎么想的？
4. 蔺相如是如何劝说他的门客的？
5. 廉颇明白了蔺相如的苦心以后是怎么做的？
6. 廉颇和蔺相如的关系有了什么变化？

二、解释下列各句中加点词语的意义：

1. 以相如功大，拜为上卿，位在廉颇之右。
2. 而蔺相如徒以口舌为劳，而位居我上。
3. 且相如素贱人，吾羞，不忍为之下。
4. 已而相如出，望见廉颇，相如引车避匿。
5. 于是舍人相与谏曰："臣所以去亲戚而事君者，徒慕君之高义也。"
6. 且庸人尚羞之，况于将相乎！
7. 蔺相如固止之。
8. 顾吾念之，强秦之所以不敢加兵于赵者，徒以吾两人在也。
9. 廉颇闻之，肉袒负荆，因宾客至蔺相如门谢罪。
10. 卒相与欢，为刎颈之交。

三、翻译下列各句，并解释加点词语的意义和用法：

1. 且庸人尚羞之，况于将相乎！
2. 夫以秦王之威，而相如廷叱之，辱其群臣。

3. 吾所以为此者，以先国家之急而后私仇也！

四、根据课文，将下列成语补充完整：

负_____请罪

刎颈之_____

口舌之_____

一_____千金

五、阅读下面的短文，并回答问题：

1. 卖马人为什么去请伯乐？

2. 伯乐是怎么做的？

3. 同样的一匹马，伯乐看之前和伯乐看以后有什么不一样？

4. 通过这个小故事你得到了什么启示？试着说一说。

一顾千金

《刘子·因显》

昔有卖良马于市者[1]，已三旦矣[2]，而市人不顾[3]。乃谓伯乐曰[4]："吾卖良马，而市人莫赏[5]。愿子一顾[6]，请献半马之价[7]。"于是伯乐造市[8]。来而睨之[9]，去而目送之[10]。一朝之价[11]，遂至千金[12]。

袁晓岑《伯乐相马》

注释

1. 昔：过去，以前。马：古文字写作 ![古文字]、![古文字]、![古文字]，像

177

马之形。良马：好马，骏马。于：在。市：市场。

2. 已：已经。三：不确指三，表示"多次"的意思。旦：古文字写作 ，本义指早晨，引申指一天。三旦：几天，很多天。

3. 市人：市场里的人。顾：本义为回头看，这里指光顾。

4. 乃：于是，就。

5. 莫：没有人，没有谁。赏：赏识，识货。

6. 愿：恳请，请求。一顾：看一眼。

7. 献：古文字写作 ，，，给出，献出。半马之价：马的价钱的一半。

8. 造：到……去。

9. 睇：dì，斜着眼、歪着头看。

10. 去：离开。目送：用眼睛盯着……离开。

11. 朝：zhāo，早上，早晨。一朝：一个早上，指时间很短。

12. 遂：就。至：达到，到。金：古代计算货币的单位，先秦以黄金二十四两为一镒，一镒为一金。千金：指很高的价格、很贵的价钱。

第二十课

课文

冯谖客孟尝君

《战国策·齐策四》

　　齐人有冯谖者[1]，贫乏不能自存[2]，使人属孟尝君[3]，愿寄食门下[4]。孟尝君曰："客何好？"曰："客无好也。"曰："客何能？"曰："客无能也。"孟尝君笑而受之，曰："诺[5]。"

　　左右以君贱之也[6]，食以草具[7]。居有顷[8]，倚柱弹其剑[9]，歌曰："长铗归来乎[10]！食无鱼。"左右以告[11]。孟尝君曰："食之，比门下之客[12]。"居有顷，复弹其铗，歌曰："长铗归来乎！出无车。"左右皆笑之，以告。孟尝君曰："为之驾[13]，比门下之车客。"于是乘其车，揭其剑[14]，过其友曰[15]："孟尝君客我[16]！"后有顷，复弹其剑铗，歌曰："长铗归来乎！无以为家[17]。"左右皆恶之[18]，以为贪而不知足。孟尝君问："冯公有亲乎[19]？"对曰："有老母。"孟尝君使人给其食用[20]，无使乏[21]。于是冯谖不复歌。

　　后孟尝君出记[22]，问门下诸客："谁习计会[23]，能为文收责于薛者乎[24]？"冯谖署曰[25]："能。"孟尝君怪之[26]，曰："此谁也？"左右曰："乃歌夫'长铗归来'者也[27]。"

　　于是约车治装[28]，载券契而行[29]。辞曰[30]："责毕收[31]，以何市而反[32]？"孟尝君曰："视吾家所寡有者[33]。"

　　驱而之薛[34]，使吏召诸民当偿者[35]，悉来合券[36]。券遍合[37]，起，矫命以责赐诸民[38]，因烧其券[39]，民称万岁。

　　长驱到齐[40]，晨而求见。孟尝君怪其疾也[41]，衣冠而见之[42]，曰："责毕收乎？来何疾也？"曰："收毕矣。""以何市而反？"冯谖曰："君云'视吾家所寡有者'，臣窃计君宫中积珍宝[43]，狗马实外厩[44]，美人充下陈[45]，君家所寡有者以义耳[46]。窃以为君市义。"孟尝君曰："市义奈何[47]？"曰："今君有区区之薛[48]，不拊爱子其民[49]，因而贾利之[50]。臣窃矫君命，以责赐诸民，因烧其券，民称万岁，乃臣所以为君市义也[51]。"孟尝君不说，曰："诺，先生休矣[52]！"

后期年 53，齐王谓孟尝君曰："寡人不敢以先王之臣为臣！"孟尝君就国于薛 54。未至百里，民扶老携幼 55，迎君道中 56。孟尝君顾谓冯谖："先生所为文市义者 57，乃今日见之 58！"

注释

1. 冯谖：Féng Xuān，人名，齐国人，孟尝君的门客，多次为孟尝君出谋划策，使其摆脱危困。

2. 贫乏：缺少生活保障，生活贫困。自：古文字写作

，像鼻子之形，后用以自指，指自己。自存：依靠自己独立生存。

3. 属：zhǔ，嘱托，拜托，该意义后来写作"嘱"。孟尝君：即田文，齐国的贵族，封地在薛，孟尝君是他的封号。他与赵国的平原君赵胜、魏国的信陵君魏无忌、楚国的春申君黄歇并称"战国四公子"。

4. 愿：愿意，乐意。寄食门下：依附于有钱有地位的人来挣口饭吃，这里指到孟尝君家里做门客。

5. 诺：nuò，答应的声音，这里指应允、同意。

6. 以：因为。贱：jiàn，低贱，在这里为形容词的意动用法，以……为贱，即认为……低贱、看不起……。

7. 食：sì，给……吃。以：把。草具：泛指粗劣的食物。

8. 有顷：不久，一会儿。居有顷：过了不久。

9. 倚：靠着。弹：tán，敲打，敲击。

10. 铗：jiá，剑把儿，代指剑。乎：吧。

11. 以告：以之告，把这件事报告了孟尝君。

12. 比：古文字写作 ，本来是两个人并列、挨着，这里指比照……标准、和……一致。

13. 为：给……准备。驾：车，车驾。

14. 揭：高举。

15. 过：拜访。

16. 客：古文字写作 ，本义为宾客、客人。这里是

名词的意动用法，把……当作门客，认为……是门客。

17. 无：没有什么东西。以：来。家：古文字写作，

，，本义为居处的地方。为家：养活家人。

18. 恶：wù，厌恶，讨厌，不喜欢。

19. 亲：双亲，即父母。有亲乎：双亲还健在吗？

20. 给：jǐ，供应，供给。食用：吃的东西和用的东西。

21. 无：通"毋"，不要。乏：缺少，不足。

22. 出：古文字写作，，本义为从家里出来，这里指贴出、公布。记：告示，文告。

23. 习：熟悉，熟练掌握。计会：即会计，算账。会：kuài。

24. 为：给，替。文：即孟尝君，孟尝君名田文。责：zhài，债务，债款，此意义后来写作"债"。

25. 署：shǔ，署名，签名。

26. 怪：奇怪，这里为形容词的意动用法，以……为怪，认为……奇怪。怪之：认为这件事奇怪，觉得这件事奇怪。

27. 乃：是，就是。夫：不用翻译，用于句中，起舒缓语气的作用。

28. 约：约束。车：古文字写作，，，像车之形。约车：套马车，套车。治装：整理行装，收拾行装。

29. 载：装载，用车拉着。券契：quàn qì，借据，契约。

30. 辞：告别，告辞。

31. 毕：全，都。

32. 以：拿，用。市：买。反：返回，回来，此意义后来写作"返"。以何市而反：即"以之市何而反"，用收上来的债买些什么回来呢？

33. 寡：少。

34. 驱：驾着车马快跑。之：古文字写作，，到……去，到。

35. 偿：偿还。诸民当偿者：应该还债的各位百姓，定

语后置句。

36. 悉：全，都。合券：核验借据。

37. 遍：全，都，普遍。

38. 矫：jiǎo，假托，假借。命：古文字写作 ，命令。矫命：假借……的命令，假托……的指令。

39. 因：于是，顺势。

40. 长驱：驾着车马长距离行进。

41. 疾：古文字写作 ，迅速，快。怪其疾：以其疾为怪，认为他回来得这么快很奇怪。

42. 衣：yì，名词活用为动词，指穿好衣服。冠：guàn，古文字写作 ，本义为帽子，这里名词活用为动词，指戴好帽子。

43. 窃：私下，私自，表谦敬之辞。窃计：私下考虑。

44. 实：充实，充满，与下文的"充"意义相近同。厩：jiù，马厩，马圈。

45. 下陈：宾主相接陈列礼品之处，位于堂下，故称下陈。这里指堂下。充下陈：堂下站满了。

46. 以：在……方面。

47. 奈何：怎么样，怎么办。

48. 区区：小小的。

49. 拊：fǔ，抚摩。拊爱：爱护，保护。子：古文字写作 ，本义为孩子，这里是名词的意动用法，以……为子，即把……当作自己的孩子。子其民：把那儿的老百姓看作自己的孩子。

50. 因而：反而，却。贾：gǔ，商人，商贾。这里名词作状语，像商人一样地……。利：利益，好处。这里名词活用为动词，指赚取利润、谋取好处。贾利之：像商人一样地赚老百姓的钱。

51. 所以：用来……的方法。

52. 休：古文字写作 ，本义为停止劳作，靠在树上短时休息，这里指停下来、不要说下去了。

53. 期年：整整一年。期：jī。

54. 就：接近，靠近。就国：前往自己的封地。

55. 扶：搀扶。携：xié，带领。

56. 道中：即"中道"，半路上。

57. 所为文市义者：替我买仁义的效果，为我买仁义的结果。

58. 乃：才。

常用词与固定结构

乎 (三)

语气词，用于句末，表祈使语气，可译为"吧"。

例如：

长铗归来乎！食无鱼。　　　　（《战国策·齐策四》）

长铗归来乎！出无车。　　　　（《战国策·齐策四》）

长铗归来乎！无以为家。　　　（《战国策·齐策四》）

愿君顾先王之宗庙，姑反国统万人乎！

（《战国策·齐策四》）

为 (二)

1. 动词，读 wéi，可根据具体的上下文翻译为"做""当作""是""就是""给"等。

例如：

为之驾，比门下之车客。　　　（《战国策·齐策四》）

长铗归来乎！无以为家。　　　（《战国策·齐策四》）

寡人不敢以先王之臣为臣！　　（《战国策·齐策四》）

知之为知之，不知为不知，是知也。（《论语·为政》）

2. 连词，读 wéi，表示假设，可译为"如果""假如"等。

例如：

为其来也，臣请缚一人，过王而行。

（《晏子春秋·内篇杂下》）

王甚喜人之掩口也，为近王，必掩口。

183

（《韩非子·内储说下》）

为有政如此，则国必乱，主必危矣。（《韩非子·五蠹》）

乃（三）

1. 副词，表示对事物的确认，可译为"是""就是"等。例如：

左右曰："乃歌夫'长铗归来'者也。"

（《战国策·齐策四》）

臣窃矫君命，以责赐诸民，因烧其券，民称万岁，乃臣所以为君市义也。（《战国策·齐策四》）

汉王使间问之，乃羽也。 （《汉书·项籍传》）

臣非知君，知君乃苏君。 （《史记·张仪列传》）

2. 副词，表示动作、行为发生得晚，可译为"才"。例如：

先生所为文市义者，乃今日见之！（《战国策·齐策四》）

断其喉，尽其肉，乃去。 （《河东先生集·黔之驴》）

始以先生为庸人，吾乃今日而知先生为天下之士也。

（《战国策·赵策三》）

于是

连词，承接上文，表示事情或动作的接续性。"于是"连接的前后两部分，往往有时间上先后接续的关系，同时也有事理上的因果关系，可译为"因此"等。例如：

于是乘其车，揭其剑，过其友曰："孟尝君客我！"

（《战国策·齐策四》）

于是冯谖不复歌。 （《战国策·齐策四》）

于是约车治装，载券契而行。 （《战国策·齐策四》）

叶公子高好龙，钩以写龙，凿以写龙，屋室雕文以写龙，于是天龙闻而下之。 （《新序·杂事五》）

译文

　　齐国人中有一个叫冯谖的，缺衣少食不能靠自己来生活下去，就让人拜托孟尝君，愿意寄身于他的门下挣口饭食。孟尝君说："这位客人有什么爱好啊？"那人回答说："这人没什么爱好。"孟尝君又问："这人有什么本领啊？"那人又回答说："这人没有什么本领。"孟尝君笑了笑，还是同意接收冯谖，说："好吧。"

　　手下的人因为孟尝君看不起冯谖，就拿一些粗劣的食物给他吃。过了不久，冯谖靠在柱子上，用手轻轻敲打他的宝剑，唱道："长剑啊我们回去吧！饭菜中连鱼都没有。"手下人把这件事报告了孟尝君。孟尝君说："给他鱼吃，比照门客的标准。"又过了不久，冯谖再一次敲击剑把儿，唱道："长剑啊我们回去吧！出来进去没有车坐。"手下的人都讥笑他，又把这件事报告了孟尝君。孟尝君说："给他准备车，比照那些有车的门客的标准。"于是冯谖坐上他的车，高举着他的宝剑，去拜访他的朋友说："孟尝君把我当作门客了！"后来又过了不长时间，冯谖再次敲打他的宝剑，唱道："长剑啊我们回去吧！没有什么东西来养家。"手下的人都很厌恶他，认为他贪心而且永远不知道满足。孟尝君问："先生的双亲还都健在吗？"冯谖回答说："只剩下一个老娘了。"孟尝君让人供给他母亲吃的、用的东西，不让她缺少生活保障。于是冯谖不再唱了。

　　后来孟尝君贴出了一个告示，询问各位门客："谁熟悉会计的工作，能够替我到薛地去收债款？"冯谖在告示上签了名说："我能。"孟尝君对此感到很奇怪，问："这个人是谁啊？"手下人回答说："就是唱'长剑啊我们回去吧'的那个人。"

　　于是套好车马，整理好行装，拉上借据就准备出发。冯谖跟孟尝君辞行说："债款全部收上来以后，用它买点儿什么回来呢？"孟尝君说："你看我家里缺少什么就买什么吧。"

　　赶着马车到了薛地，冯谖让官吏召集那些应当还债的百姓，全都来核对借据。借据都核实过以后，冯谖站起身来，假托孟尝君的命令把债款都赏赐给了各位百姓，接着就烧了他们的借据，百姓都高喊万岁。

　　驾车马长距离地行进，回到了齐，冯谖在清晨时请求孟尝君召见。冯谖回来得这么快，孟尝君觉得很奇怪，就穿好衣服、戴好帽子来召见他，说："债款全都收上来了吗？怎么回来得这么快啊？"冯谖回答说："债款全都收上来了。""用它买什么东西回来了？"冯谖说："您告诉我说'看我们家缺少什么就买什么'，我私下里盘算，您的宫室之中堆满了奇珍异宝，狗和马充满了外面的狗舍和马厩，漂亮的女人站满了堂下，您的家里只是在仁义这方面有些不足罢了。我自作主张用债款替您买了仁义。"孟尝君说："仁义如何买呢？"冯谖回答说："现在您只有一个小小的薛地，您不是把薛地的百姓当成自己的孩子一样地爱护他们，却反而像商人一样地赚他们的钱。我私下里假托您的命令，把债款赏赐给了各位百姓，接着烧了他们的借据，百姓都高呼您万岁，这就是我替您买仁义的方法。"孟尝君听后很不高兴，说："好了，先生不要再说下去了！"

一年以后，齐王对孟尝君说："寡人不敢把父王的臣子当成自己的臣子来使用！"孟尝君只好返回自己的封地薛。距离薛地还有一百里的时候，薛地的百姓就全都搀扶着老人、领着小孩到半路上来迎接孟尝君。孟尝君回过头来对冯谖说："先生您替我买仁义的效果，今天才看到了啊！"

练习

一、根据课文，回答问题：

1. 听说有个叫冯谖的要来自己家里做门客，"孟尝君笑而受之"，这是为什么？

2. 冯谖来到孟尝君家里以后，先是要好的饭食，接着要出行的车马，然后又要赡养父母的钱物，你觉得冯谖是一个什么样的人？谈谈你的看法。

3. 冯谖是怎么替孟尝君"市义"的？

4. 孟尝君对冯谖为自己"市义"持什么态度？前后有没有变化？

二、指出下列各句中加点词的意义和用法：

1. 冯谖客孟尝君。

2. 孟尝君客我。

3. 孟尝君怪之。

4. 长驱到齐，晨而求见。

5. 孟尝君怪其疾也。

6. 衣冠而见之。

7. 不拊爱子其民，因而贾利之。

三、解释下列各句中加点词语的意义：

1. 居有顷，倚柱弹其剑。

2. 左右以告。

3. 孟尝君曰："食之，比门下之客。"

4. 于是乘其车，揭其剑，过其友曰："孟尝君客我！"

5. 孟尝君问："冯公有亲乎？"

6. 左右曰："乃歌夫'长铗归来'者也。"

7. 辞曰："责毕收，以何市而反？"

8. 驱而之薛，使吏召诸民当尝者，悉来合券。

四、给下列各句中加点的字注音并释义：

1. 使人属（　　）孟尝君，愿寄食门下。

2. 孟尝君曰："客何好（　　）？"

3. 孟尝君曰："食（　　）之，比门下之客。"

4. 左右皆恶（　　）之，以为贪而不知足。

5. 孟尝君使人给（　　）其食用，无使乏。

6. 谁习计会（　　），能为文收责（　　）于薛者乎？

7. 孟尝君怪其疾也，衣（　　）冠（　　）而见之。

8. 今君有区区之薛，不拊爱子其民，因而贾（　　）利
之。

9. 孟尝君不说（　　），曰："诺，先生休矣！"

10. 后期（　　）年，齐王谓孟尝君曰："寡人不敢以先
王之臣为臣！"

五、阅读下面的短文，并回答问题：

1. "涉"、"浮"、"没"有什么区别？

2. 为什么"南方多没人"？

3. 怎么理解"夫没者岂苟然哉"这句话？谈谈你的看
法。

4. "必将有得于水之道者"中的"道"指的是什么？

南方多没人

《苏东坡全集·日喻》

南方多没人[1]。日与水居也[2]，七岁而能涉[3]，十岁而能浮[4]，十五而能没矣。夫没者岂苟然哉[5]？必将有得于水之道者[6]。日与水居，则十五而得其道[7]。

注释

1. 没：mò，潜水。没人：会潜水的人，与下文的"没者"同义。
2. 日：每天。与水居：和水生活在一起。
3. 涉：shè，古文字写作 ，，，趟水过河。
4. 浮：漂浮在水面上，即能够在水里游泳。
5. 夫：fú，发语词，提示将发表议论。没者：会潜水的人。岂：难道。苟然：随随便便、马马虎虎的样子。苟：gǒu。哉：语气词，用于句末，表反问，可译为"吗"。
6. 必将：一定要，一定是。得：古文字写作 ，。有得：有所收获，有心得。于：在……方面。道：规律，法则。
7. 则：就，那么。

第二十一课

课文

师说

《昌黎先生集》

古之学者必有师[1]。师者，所以传道、受业、解惑也[2]。人非生而知之者[3]，孰能无惑[4]? 惑而不从师[5]，其为惑也[6]，终不解矣[7]。生乎吾前[8]，其闻道也，固先乎吾[9]，吾从而师之[10]。生于吾后，其闻道也，亦先乎吾，吾从而师之。吾师道也[11]，夫庸知其年之先后生于吾乎[12]? 是故无贵无贱，无长无少，道之所存[13]，师之所存也。

嗟乎! 师道之不传也久矣[14]，欲人之无惑也难矣。古之圣人，其出人也远矣[15]，犹且从师而问焉[16]。今之众人，其下圣人也亦远矣[17]，而耻学于师[18]。是故圣益圣[19]，愚益愚[20]。圣人之所以为圣，愚人之所以为愚，其皆出于此乎[21]!

爱其子，择师而教之[22]; 于其身也[23]，则耻师焉[24]，惑矣[25]! 彼童子之师[26]，授之书而习其句读者[27]，非吾所谓传其道、解其惑者也[28]。句读之不知，惑之不解[29]，或师焉[30]，或不焉[31]，小学而大遗[32]，吾未见其明也[33]。

巫、医、乐师、百工之人[34]，不耻相师[35]。士大夫之族[36]，曰师、曰弟子云者[37]，则群聚而笑之[38]。问之，则曰: "彼与彼年相若也[39]，道相似也[40]，位卑则足羞[41]，官盛则近谀[42]。"呜呼[43]! 师道之不复可知矣[44]。巫、医、乐师、百工之人，君子不齿[45]，今其智乃反不能及[46]，其可怪也欤[47]?

圣人无常师[48]，孔子师郯子、苌宏、师襄、老聃[49]。郯子之徒[50]，其贤不及孔子[51]。孔子曰: "三人行，则必有我师。"是故弟子不必不如师，师不必贤于弟子[52]。闻道有先后，术业有专攻[53]，如是而已[54]。

李氏子蟠[55]，年十七，好古文，六艺经传皆通习之[56]。不拘于时[57]，学于余。余嘉其能行古道[58]，作《师说》以贻

之 [59]。

作品作者人物简介

韩愈：唐代文学家，字退之，河内河阳（今河南孟县南）人。因祖籍昌黎，又每每自称"昌黎韩愈"，世人便称之为"韩昌黎"。他倡导古文运动，为"唐宋八大家"之首，著有《昌黎先生集》。

韩愈像

注释

1. 学：古文字写作 ，，学习。学者：求学的人。

2. 所以：用来……的。传道：传授儒家思想。受：古文字写作 ，，既表"授予"义，又有"接受"义，这里指讲授、传授。受业：讲授学业。解：古文字写作 ，，双手将牛角从牛头上分开，本义为分解，引申为分析、解释。解惑：解决疑难问题，解释疑难问题。

190

3. 之：指代道理和知识。

4. 孰：谁，哪一个。惑：疑难，迷惑。

5. 从：古文字写作　，　，跟从，追随。从师：跟从老师学习。

6. 其：那，那些。为：作为，成为。

7. 终：最终，到底。解：理解，懂得，明白。

8. 乎：相当于"于"，在。

9. 固：本来。乎：比。

10. 师：以……为师，把……当作老师，名词的意动用法。

11. 师：学习，名词活用为动词。师道：学习道理。

12. 夫：发语词，可不译。庸：yōng，难道，哪里。

13. 所存：存在的地方。

14. 师道：从师学习的风气。传：传承，留传。

15. 出：超出，高出。出人：超出一般人。

16. 犹且：尚且，还。

17. 下：古文字写作　，　，下方，下面。这里方位名词活用为动词，低下，低于，不如。

18. 耻：羞耻，这里是形容词的意动用法，以……为耻，觉得……羞耻。

19. 圣：前一个"圣"为名词，指代前文的"圣人"；后一个"圣"为形容词，圣明，英明。益：越发，更加。

20. 愚：前一个"愚"为名词，指代愚笨的人；后一个是形容词，愚笨，愚昧。

21. 其：恐怕，大概。出：产生。于：从，由。

22. 择：选择，挑选。

23. 于：对，对于。身：古文字写作　，　，像身体之形，指自身，自己。

24. 则：却，反倒。师：从师学习。

25. 惑：糊涂。

26. 彼：那，那些。童子：学童，小孩子。

27. 授：传授，教授。书：书本，这里指书本上的知识。而：同时。习：讲习，讲授。句读：一句话说完称为"句"，句中的停顿称为"读","句读"在这里指古文的断句。

28. 所谓：所说的。

29. 句读之不知，惑之不解：即"不知句读，不解惑"，宾语前置句，宾语提前，加"之"复指。

30. 或：有的人，有人。

31. 不：fǒu，此意义后来写作"否"。

32. 小学：小的方面从师学习。遗：遗弃，放弃。大遗：大的方面却放弃求教。

33. 明：古文字写作 ，，本义指明亮、光明，这里指明智、聪明。

34. 巫：wū，巫师。医：古文字写作 ，，医师，医生。乐：yuè，古文字写作 ，，像乐器之形。乐师：演奏音乐之人。百工：多种手艺人，各种手艺人。

35. 相：互相，彼此。相师：互相学习，彼此学习。

36. 士大夫：代指读书为官的人。族：古文字写作 ，，类。

37. 曰：称呼，叫，说。云：说，如此说，这样说。者：……的情况，……现象。

38. 群：成群地。聚：聚集，聚拢。笑：讥笑，嘲笑。

39. 彼：那人，那个人。相若：相似，相近，相仿。

40. 道相似：懂得的道理也差不多。

41. 卑：低贱，低下。位卑：地位低贱。足：足以，足够。

42. 盛：大，高贵。官盛：官职大，职位高贵。近：接近，近似于。谀：yú，巴结，奉承。

43. 呜呼：感叹词，可译为"唉"。

44. 复：复兴，恢复，动词。

45. 齿：古文字写作 ，，本义指人的门齿、门牙，这里指说到、提及。不齿：不屑一提，不屑于谈论。一说"齿"为"并列""排列"的意思，"不齿"指羞与为伍。不管哪种解释，"不齿"均表示看不起、鄙视的意思。

46. 乃：竟然。反：反而，反倒。及：古文字写作𦝼，

𦝼，赶上，达到。

47. 其：难道，岂。也欤：语气词连用，重点在"欤"，可译为"吗"。

48. 常：固定的。

49. 郯子：Tánzǐ，春秋时期郯国的国君。苌弘：Cháng Hóng，周敬王的大夫。师襄：Shī Xiāng，春秋时期鲁国的乐官。老聃：Lǎo Dān，老子，姓李名耳。

50. 徒：辈，类。

51. 贤：高明，贤明，这里指高明、贤明的方面，即才能，形容词活用为名词。

52. 贤：高明，贤明，形容词。于：比。

53. 术：技艺，本领。业：学业，专长。专：专门的。攻：研究。

54. 如是：如此。而已：罢了。

55. 蟠：Pán，人名。

56. 六艺：指六经，分别为《诗》《书》《礼》《乐》《易》《春秋》。经传：经书及注释。传：zhuàn，注释或解释经义的文字。通：普遍，全面。

57. 拘：jū，约束，束缚。于：被。时：时俗，风气。

58. 嘉：jiā，赞许，赞扬。行：xíng，本来指行走，引申为实行。行古道：走古人从师求学之路。

59. 以：来。贻：yí，送，赠送。

常用词与固定结构

益

副词，表示程度进一步加深，情况进一步发展。如果语义重在前后对比，可译为"更加""越发""越来越"等。如果语义重在发展，则可译为"渐渐""逐渐"等。
例如：

是故圣益圣，愚益愚。　　　（《昌黎先生集·师说》）

如水益深，如火益热，亦运而已矣。

（《孟子·梁惠王下》）

故主上愈卑，私门益尊。　　（《韩非子·孤愤》）

稍近，益狎，荡倚冲冒。　　（《河东先生集·黔之驴》）

益习其声，又近出前后，终不敢搏。

（《河东先生集·黔之驴》）

始皇帝益壮。　　（《史记·吕不韦传》）

武益愈，单于使使晓武。　　（《汉书·苏武传》）

彼

1. 代词，在句子中作主语、宾语或定语，指代人或事物，可译为"他""那人""对方"等。

例如：

彼与彼年相若也，道相似也，位卑则足羞，官盛则近谀。

（《昌黎先生集·师说》）

彼竭我盈，故克之。　　（《左传·庄公十年》）

秦始皇帝游会稽，渡浙江，梁与籍俱观。籍曰："彼可取而代之也。"　　（《史记·项羽本纪》）

知彼知己，百战不殆。　　（《孙子兵法·谋攻》）

2. 指示代词，用在名词或名词性词组之前，起指示作用，可译为"那""那些"等。

例如：

彼童子之师，授之书而习其句读者，非吾所谓传其道、解其惑者也。　　（《昌黎先生集·师说》）

彼来者为谁？　　（《史记·范雎列传》）

彼一时此一时也。　　（《孟子·公孙丑下》）

于 （二）

介词，介引动作行为的施动者，可译为"被"等。

例如：

不拘于时，学于余。　　（《昌黎先生集·师说》）

魏惠王兵数破于齐、秦。　　（《史记·商君列传》）

王建禽于秦。　　　　　　　（《盐铁论·论儒》）

故有备则制人，无备则制于人。　　（《盐铁论·险固》）

臣诚恐见欺于王而负赵。（《史记·廉颇蔺相如列传》）

而已

用于句末，用法与"耳"相近，用以限定范围，可译为"罢了"。"而已"现代汉语还在使用，古今差别不大。
例如：

闻道有先后，术业有专攻，如是而已。

（《昌黎先生集·师说》）

在我而已，大国何为？　　　　（《左传·桓公六年》）

公之佐十一人，其不欲战者，三人而已。

（《左传·成公六年》）

夫孪子之相似者，唯其母知之而已；利害之相似者，唯智者知之而已。　　　　　　　（《战国策·韩策三》）

译文

古时候求学的人一定要有老师。老师，是靠他来传授道理、讲授学业、解答疑难问题的。人不是一生下来就明白事理的，又有谁能没有疑难呢？有了疑难却不向老师求教，那些被称作疑难的问题就永远也得不到解决。出生在我之前的，他懂得道理本来就比我早，我跟他学习，拜他为老师；出生在我之后的，只要他懂得道理也比我早，我也跟他学习，拜他为师。我是向老师学习道理啊，又哪管老师的年龄比我大还是比我小呢？因此，没有高贵，没有卑贱，没有年长，没有年少，道理存在的地方，就是老师所在的地方。

唉！求师的风尚不能承继下来已经很长时间了，想要人们没有疑难也是很难的。古时候的圣人，他们的才智高出一般人很多，尚且从师学习。现在的普通人，他们的才智远远低于圣人，可是却以从师学习为羞耻。因此，圣人就更加圣明，愚人就越发愚昧。圣人之所以成为圣人，愚人之所以成为愚人，大概都是出于这个道理吧！

有的人疼爱他们的孩子，挑选名师来教他；可是对于他们自己，却觉得向老师求教羞耻，真是糊涂啊！那些孩子们的老师，不过是教给孩子们书本上的知识，帮助他们识文断句，并不是我所说的传授人们道理、解决人们疑难的老师。孩子们不能识文断句，自己不能解决疑难问题，有的向老师请教，有的则不向老师请教，小的方面学习了，大的方面却放弃学习，我看不出这种人哪里明智。

巫师、医师、乐师及工匠们这类人，不以互相学习为羞耻。士大夫这一类人，听到别人称老师、称弟子这种事情，就会聚在一起嘲笑人家。问他们笑的原因，他们就会说："那人和那人年龄差不多，道德学问也不相上下，称地位卑贱的人为老师，那么确实很难为情，称官职高的人为老师，就又和巴结奉承差不多。"唉！从师求教的风尚不能恢复就可想而知了。巫师、医师、乐师及工匠们这类人，是士大夫们所看不起的，如今他们的才智反而赶不上这些被他们瞧不起的人，这难道有什么奇怪的吗？

圣人没有固定的老师，孔子就曾经从师郯子、苌弘、师襄、老聃。郯子这些人，他们的品德学问赶不上孔子。孔子曾经说过："几个人在一起，其中就一定有我的老师。"因此说，学生不一定不如老师，老师也不一定要比学生高明。不过是懂得道理有早有晚，技艺、学问各有专门的研究，如此罢了。

李家的孩子名蟠，十七岁，喜好古文，六艺经注都全面地通读学习。他能不被现在以从师求学为羞耻的风气束缚，跟我来学习。我赞赏他能走古人从师求学的正路，就写了《师说》这篇文章赠送给他。

练习

一、根据课文，回答问题：

1. "无贵无贱，无长无少，道之所存，师之所存"这句话与孔子的"三人行，必有我师焉"都论述了从师学习的道理，请谈一谈你的理解和观点。

2. 韩愈的这篇文章是针对当时的什么风气来写的？

3. 文章中提到这么一类人：给孩子一定要找好的老师，而自己则以从师学习为耻。现在在你的周围还有这种人吗？谈谈你的看法。

4. 你对"弟子不必不如师，师不必贤于弟子"这句话怎么理解？请说说你的观点。

二、解释下列各句中加点词语的意义和用法：

1. 生乎吾前，其闻道也，固先乎吾，吾从而师之。

2. 吾师道也，夫庸知其年之先后生于吾乎？

3. 今之众人，其下圣人也亦远矣，而耻学于师。

4. 巫、医、乐师、百工之人，君子不齿。

5. 是故弟子不必不如师，师不必贤于弟子。

6. 巫、医、乐师、百工之人，不耻相师。

7. 不拘于时，学于余。

三、给下列各句中加点的字注音并释义：

1. 师者，所以传(　　)道、受业、解惑也。

2. 是故无贵无贱，无长(　　)无少(　　)，道之所存，师之所存也。

3. 句读(　　)之不知，惑之不解，或师焉，或不(　　)焉，小学而大遗，吾未(　　)见其明也。

4. 李氏子蟠，年十七，好(　　)古文，六艺经传(　　)皆通习之。

5. 余嘉其能行(　　)古道，作《师说》以贻(　　)之。

四、翻译下列各句：

1. 是故圣益圣，愚亦愚。圣人之所以为圣，愚人之所以为愚，其皆出于此乎！

2. 句读之不知，惑之不解，或师焉，或不焉，小学而大遗，吾未见其明也。

3. 彼与彼年相若也，道相似也，位卑则足羞，官盛则近谀。

4. 巫、医、乐师、百工之人，君子不齿，今其智乃反不能及，其可怪也欤？

5. 是故弟子不必不如师，师不必贤于弟子。闻道有先后，术业有专攻，如是而已。

五、阅读下面的短文，并回答问题：

1. 宋人卖酒，他的经营之道是怎样的？

2. 宋人卖酒的生意红火吗？为什么？

3. "狗猛酒酸"这个成语有什么含义？请你简单介绍一下。

宋人有酤酒者

《韩非子·外储说右上》

宋人有酤酒者[1]，升概甚平[2]，遇客甚谨[3]，为酒甚美，县帜甚高著[4]，然不售，酒酸[5]。怪其故[6]，问其所知闾长者杨倩[7]。倩曰："汝狗猛耶[8]？"曰："狗猛则酒何故而不售[9]？"曰："人畏焉。或令孺子怀钱挈壶罋而往酤[10]，而狗迓而齕之[11]，此酒所以酸而不售也[12]。"

羊尊酒肆画像砖

注释

1. 酤：gū，买卖酒，这里指卖酒。

2. 升：古文字写作 𝌆，𝌆，像量具之形。概：量谷米时用来刮平的木板。升概：这里指用来量酒的器具。平：公平，公正。

商鞅方升

3. 遇：对待，接待。谨：jǐn，恭敬，小心。

4. 县：xuán，古文字写作 ，悬挂，此意义后来写作"悬"。帜：zhì，酒旗，酒幌子。著：明显，叫人容易看到。

酒旗

5. 酸：酒变了味，酸败。

6. 怪：认为奇怪，弄不明白。其：古文字写作 ，像簸箕之形，后假借为代词，这里表示的是"那""其中"的意思。故：原因，缘故。

7. 所知：知己朋友，了解自己的人。闾：lǚ，古代的一种居民组织单位，二十五家为一闾。长者：年纪大的人。长：zhǎng。杨倩：Yáng Qiàn，人名。

8. 汝：rǔ，你的。猛：凶猛，厉害。耶：yé，语气词，吗。

9. 何故：为什么，什么原因。

10. 或：有人。令：叫，让。孺子：小孩儿。怀：本来指胸前，胸怀。这里指将……放在怀里、怀揣着，名词活用为动词。挈：qiè，提着，拿着。瓮：wèng，瓦罐，这里指酒壶。往：去。酤：这里指买酒。

11. 而：可是，但是。一说代词，你的。迓：yà，跑上前，迎上前。龁：hé，咬。

12. 所以：……的原因。